# Die 1. „niedersächsische" Panzerdivision
# (1956 – 1994)

## Eine Chronik von Uwe Walter

## „Strukturen und Verbände des deutschen Heeres"
## (6. Teil)

# Impressum

1. Auflage

Autor & Titel-Layout:
Uwe Walter,        Herbstbreite 4,    D-34497 Korbach
Fotos:                Uwe Walter und angegebene Quellen


Copyright  2024
Herstellung und Verlag:        BoD – Books on Demand, Norderstedt
ISBN: 9783759713438

# Inhaltsverzeichnis

# Grußwort Generalmajor Heico Hübner
## Kommandeur der 1. Panzerdivision

Am 1. Juli 1956 beginnt mit der Aufstellung ihres Stabes in Hannover die Geschichte der 1. Panzerdivision. Seither hat sie manche Herausforderung bewältigt und dabei viele Erfolge an ihre Fahne heften können. Immer haben die aktiven Soldatinnen und Soldaten, die Reservistinnen und Reservisten und die zivilen Mitarbeiterinnen und Mitarbeiter unserer Division ihre Pflicht getan und oft auch mehr als das. Wir können mit Stolz auf die Geschichte unserer Division zurückblicken. Sie ist die letzte Division des Heeres, die seit 1956 ununterbrochen unter ihrer originalen Nummerierung im Dienst steht. Dies macht sie nicht nur zur ältesten Division der Bundeswehr, sondern lässt sie auch zu einem Bindeglied werden, welches die Vergangenheit mit der Gegenwart verknüpft.

Seit der Assignierung der Division zur Nato im Jahr 1957 war sie stets ein verlässlicher Teil des westlichen Bündnisses. Immer standen die Wehrpflichtigen und die Zeit- und Berufssoldaten der Ersten bereit, sich einem potentiellen Angriff der Streitkräfte des Warschauer Paktes entgegenzustellen. Damit haben sie im Kalten Krieg dazu beigetragen, den Frieden zu erhalten.

Als 1990 die innerdeutsche Grenze fiel, hatte auch unsere Division Anteil an der Wiedervereinigung Deutschlands. Sie unterstützte bei der Auflösung der Nationalen Volksarmee der DDR und integrierte viele ihrer Soldaten in die Bundeswehr. Gleichwohl blieb die Erste nicht verschont von den Folgen der Neuausrichtungen der Zeit nach 1990. Reformen und Strukturanpassungen des Heeres gingen einher mit der Auflösung zahlreicher Truppenteile sowie Aufgabe traditionsreicher Standorte. Die Reformierung der Bundeswehr diente der Ausrichtung ihrer Strukturen auf die Bedürfnisse der Auslandseinsätze wie z. B. in Afghanistan, bei gleichzeitigen Reduzierungen der Finanzausstattung des Verteidigungsetats. Viele Fähigkeiten, die eine Streitkraft benötigt, um das Land vor dem Angriff einer anderen zu verteidigen, wurden stark eingeschränkt oder gänzlich aufgegeben. Andere Fähigkeiten wurden dagegen aus- und aufgebaut, um in den fordernden Einsätzen des Internationalen Krisenmanagements, einschließlich zum Teil intensiver Gefechte, bestehen zu können. Auch in diesen Missionen hat sich die Erste vollumfänglich bewährt, ebenso wie in vielen Katastrophen- und Hilfseinsätzen im Inland.

Seit 2016 ist die 43. Niederländische Mechanisierte Brigade der Division unterstellt und macht damit die Europäische Integration ganz unmittelbar erlebbar. Mit dieser außerordentlich engen Zusammenarbeit sind Deutschland und die Niederlande so weit wie kein anderes Land in Europa und die 1. Panzerdivision ist ganz vorne mit dabei!

Mit der Besetzung und Annexion der zur Ukraine gehörenden Krim setzte 2014 ein Umdenken in der deutschen und westlichen Sicherheitspolitik ein. Die altbewährten Fähigkeiten und Tugenden der Landes- und Bündnisverteidigung rücken seitdem wieder in den Fokus der militärischen Planungen. Der russische Angriff auf die Ukraine vom 24. Februar 2022 und der seither andauernde Krieg zeigen uns, dass diese Bemühungen noch schneller umgesetzt werden müssen, um wieder umfassend kriegstüchtig zu werden. Ein lateinisches Sprichwort des römischen Militärschriftstellers Vegetius (400 n. Chr.) lautet: "Si vis pacem para bellum" und heißt etwas freier übersetzt: Wenn Du den Frieden willst, musst Du zum Krieg gerüstet sein. Die 1. Panzerdivision gestaltet diesen Wandel aktiv mit. Material wird modernisiert, verlorengegangene Fähigkeiten werden neu aufgebaut und Strukturen wiederbelebt, die es erlauben, das Gefecht der verbundenen Waffen zusammen mit den verbündeten Streitkräften auf Großverbandsebene erfolgreich zu führen.

Die Division feiert dieses Jahr ihren 68. Geburtstag, dennoch ist sie heute genauso jung und leistungsbereit wie am ersten Tag. Der Großverband und seine Angehörigen werden nach wie vor gebraucht. Dabei gilt es, sich der historischen Begebenheiten und seiner Wurzeln bewusst zu sein. Das vorliegende Buch beleuchtet wichtige Teile der facettenreichen Geschichte unserer Division und viele der in der Vergangenheit bestandenen Bewährungsproben. Eine durchaus mit Stolz erfüllende und Zuversicht gebende Botschaft für alle heutigen Angehörigen der Ersten, um die kommenden großen Aufgaben genauso verlässlich meistern zu können, wie die Generationen, die seit ihrer Gründung in der 1. Panzerdivision dienten.

Generalmajor
Heico Hübner

# Vorwort zur Chronik der 1. Panzerdivision
## Autor Uwe Walter

Wenn man die Geschichte der 1. Panzerdivision betrachtet, dann kann man die vielen Veränderungen im Laufe der vergangenen fast sieben Jahrzehnte eines militärischen Großverbandes erkennen. Im Jahr 1956 in der Region Hannover aufgestellt und bis weit in die 1990iger Jahre in der Region Hannover zwischen Harz, Nienburg an der Weser und südlicher Lüneburger Heide fest verwurzelt, führt dieser militärische Großverband heute truppendienstlich Brigadeverbände in den Bundesländern Niedersachsen, Nordrhein-Westfalen und Mecklenburg-Vorpommern sowie einer Brigade der königlichen Landmacht in den Niederlanden.

Sie, liebe Leser***innen halten nun den 6. Teil der Heereschronik „Die Strukturen und Verbände des deutschen Heeres"  in Ihren Händen, der die wechselvolle Geschichte der 1. Panzerdivision von ihrer Aufstellung im Jahr 1956 als 1. Grenadierdivision bis zur Fusion mit dem Wehrbereichskommando II im Jahr 1994 im Rahmen der ersten Truppenreduzierung wiederspiegelt. Bis weit in die 1990iger Jahre führte die 1. Panzerdivision ihre selbstständigen Divisionstruppenteile, die nicht aktiven Geräteeinheiten sowie ihre Brigadeverbände in einem Umkreis von vierzig bis fünfzig Kilometer um Hannover herum. Daher wurde auch als Titelbild auf der Umschlagseite die Marienburg bei Pattensen gewählt, die einen regionalen Bezug zur Region Hannover darstellt.

Die Informationen zu der Aufstellung von den einzelnen Verbänden und selbstständigen Einheiten wurden entsprechenden mir vorliegenden Standortbroschüren, diversen Archiven sowie aus persönlichen Gesprächen mit ehemaligen Angehörigen der unterstellten Verbände und selbstständigen Einheiten entnommen. Somit kann heute eine umfassende Chronik über die ersten rund siebenunddreißig Jahre der Divisionsgeschichte veröffentlicht werden. Zudem wurden mir von ehemaligen Angehörigen der Division, befreundeten Fotografen und Soldaten Fotos für dieses Projekt zur Verfügung gestellt.
Hierfür meinen herzlichen Dank.

Ich bedanke mich bei allen, die mich in den vergangenen fast fünfundzwanzig Jahren bei meiner Arbeit unterstützt haben oder auch zukünftig unterstützen, damit die Geschichte des deutschen Heeres nicht in Vergessenheit gerät, da auch sie ein Stück bundesdeutsche Geschichte ist. Besonderen Dank gilt Herrn Generalmajor Hübner, der als Kommandeur der Division sich für ein Grußwort bereit erklärt hat.

Ich wünsche den Soldaten***innen und allen Angehörigen der Bundeswehr sowie allen weiteren Einsatzkräften bei den bevorstehenden Aufgaben, in den Einsätzen - egal ob im In- oder Ausland - alles Gute, viel Erfolg und Gottessegen!

Korbach, im Juli 2024

*Uwe Walter*

# 1. Panzerdivision

## „Die Erste" - „1. niedersächsische Division" oder „die Division zwischen Harz und Heide"

Die 1. Panzerdivision ist heute die älteste Division des deutschen Heeres, die auf eine lange Erfolgsgeschichte zurück blicken kann. Diese Erfolgsgeschichte begann am 1. Juli 1956 als folgende Bundesgrenzschutzkommandos in die neugegründete Bundeswehr überführt wurden:

| GRENZSCHUTZKOMMANDO | BUNDESWEHR | Standort |
|---|---|---|
| GSK Nord und GSK Küste | Divisionsstab 1. GrenDiv | Hannover, Nordring-Kaserne |
| Stab GSG 6 | Kampfgruppenstab A1 | Hannover, Scharnhorst-Kaserne |
| Stab GSG 7 | Kampfgruppenstab B1 | Lübeck, später Hamburg |
| Fernmeldehundertschaft Nord und FM-Hundertschaft Küste | Fernmeldebataillon 1 | Hannover, Nordring-Kaserne |
| II. / GSG 5 | Grenadierbataillon 1 | Braunschweig, später Wolfenbüttel |
| I. / GSG 7, *ohne* 1. Jäger-hundertschaft | Grenadierbataillon 31 | Lübeck, Pionierkaserne |
| 7. / GSG 7 | 1. Kompanie GrenBtl 31 | Ratzeburg |
| GSA A Nord | Grenadierbataillon 21 | Hannover, Scharnhorst-Kaserne |
| II. / GSG 7 mit 1. Jäger-hundertschaft | Grenadierbataillon 11 | Lübeck, später Hannover |
| I. / GSG 7 *ohne* 7. / GSG 7 | Grenadierbataillon 11 | Lübeck, |
| II. / GSG 6 | Panzerbataillon 1 | Dedelstorf, Lager |
| GSA B Nord | Pionierbataillon 1 | Hamburg-Harburg, Scharnhorst-Kaserne |
| III. / GSG 5 | Flugabwehrbataillon 1 | Hannover-Evershorst |
| I. / GSG 6 | Panzeraufklärungs-bataillon 1* | Neutram, später Hemer |
| von GSK Nord aufzustellen | Stab Artillerieregiment 1 | Hamburg |
| III, / GSG 6 | I. / Artillerieregiment 1 (105mm Haubitzen) | Glückstadt, später Braunschweig |
| III. / GSG 7 | III. / Artillerieregiment 1 (155mm Haubitzen) | Hamburg |
| von GSK Nord aufzustellen | leichte Fahrzeugin-standsetzungskompanie 1 | Hannover |
| von GSK Nord aufzustellen | Quartiermeister-kompanie 1 | Bad Eilsen |
| Musikkorps Nord | Musikkorps II A | Hannover, Nordring-Kaserne |

*wurde später das Panzeraufklärungsbataillon 5 in Sontra

Vorgesehener Stationierungsraum war für die junge Division das Gebiet zwischen Harz und südlicher Lüneburger Heide. Daher bekam die Division schon bald auch der Beiname „Division zwischen Harz und Heide".

Nachdem der Stab und die Stabskompanie zunächst in der Nordring-Kaserne untergebracht waren, verlegte er kurz nach seiner Aufstellung in die Boelcke-Kaserne in Hannover-Evershorst. Im März 1957 verlegte er schließlich in die Prinz-Albrecht-Kaserne in Hannover-Bothfeld. Dieser Standort sollte bis weit in die 1990iger Jahre der Divisionsstandort bleiben, bevor die 1. Panzerdivision mit Stab und Stabskompanie nach Hannover-Bult in die Kurt-Schumacher-Kaserne verlegte. Hier fusionierte er mit dem Wehrbereichskommando II zur neuen Stab/Stabskompanie Wehrbereichskommando II / 1. Panzerdivision.

Am 19. Mai 1957 fand im Eilenriede-Stadion in Hannover das erste feierliche Gelöbnis in Hannover nach dem Ende des zweiten Weltkriegs statt. Mit Einbruch der Dunkelheit wurde auch der „große Zapfenstreich" aufgeführt.

Im selben Jahr nahmen die Verbände der 1. Grenadierdivision an der Stabsrahmenübung „LION NOIR" teil, an der auch weitere NATO-Partner, wie etwa Amerikaner und Briten beteiligt waren.

Genau ein Jahr nach ihrer Aufstellung wurde die 1. Grenadierdivision am 1. Juli 1957 der NATO assigniert und in Nienburg begann die Aufstellung der Kampfgruppe C1.

Das Jahr 1958 stand für die noch junge Division ganz im Zeichen der „Lehr- und Versuchsübung 58", bei der die Kampfgruppe A1 für neunundzwanzig Tage in die Übungsbrigade `58 gegliedert wurde.

Während dieser „Lehr- und Versuchsübung 58" hatte die 1. Grenadierdivision zahlreiche Gäste zu Besuch. So konnte das Divisionskommando unter anderem neben dem damaligen Bundespräsidenten Theodor Heuss – von dem der Satz stammen soll: „….nun siegt mal schön…" – auch den damaligen Bundeskanzler Konrad Adenauer und Verteidigungsminister Franz-Josef Strauß begrüßen.

Ganz im Zeichen von ersten Umgliederungen und Umbenennungen stand im dritten Jahr des Bestehens das Jahr 1959:

Die 1. Grenadierdivision wurde in 1. Panzergrenadierdivision umbenannt. Aus den Kampfgruppen wurden Brigadeverbände, davon eine Panzer- und zwei Panzergrenadierbrigaden und die Panzergrenadierbataillone wurden aus den Grenadierbataillonen gebildet.
Gleichzeitig erfolgten Unterstellungen, Verlegungen und Umgliederungen. Zudem wurden bei der Bezifferung der Verbände nach nummerischer Reihenfolge verfahren.

Das Jahr 1959 stand aber auch erstmalig im Zeichen der Katastrophenhilfe der Division, als Teile der Panzerbrigade 3 zur Hilfe bei einem Waldbrand in der Nähe von Nienburg angefordert wurden und Panzerfahrzeuge Schneisen durch den Wald fuhren, um die Brände einzudämmen.

Erstmals übte die 1. Panzergrenadierdivision im Jahr 1959 komplett auf dem niedersächsischen Truppenübungsplatz in Bergen, als die unterstellten Truppenteile im Landmarsch dorthin verlegten und dort diverse Schul- und Übungsschießen abhalten sollten. Während diesem Übungsplatzaufenthaltes zeigte die Öffentlichkeit breites Interesse an der Leistungsfähigkeit der 1. Panzergrenadierdivision.

Der Personalbestand der 1. Panzergrenadierdivision betrug Ende des Jahres 1959 rund elftausendfünfhundert Soldaten.

Ende des Jahres 1959 gliederte sich die 1. Panzergrenadierdivision neben Stab und Stabskompanie in:

- Panzergrenadierbrigade 1 aus Hildesheim,
- Panzergrenadierbrigade 2 aus Braunschweig,
- Panzerbrigade 3 aus Nienburg,
- Artillerieregiment 1,
- Fernmeldebataillon 1,
- Panzeraufklärungsbataillon 1,
- Pionierbataillon 1,
- Flugabwehrbataillon 1,
- diverse logistische Einheiten (Nachschub, Instandsetzung, Sanitäter)

Die sechziger Jahre begannen für die Soldaten der Division mit der Neuaufstellung von weiteren Ausbildungseinheiten, die für die Ausbildung von jungen Rekruten vorgesehen waren.

Zudem wurde den Verbänden und Einheiten der 1. Panzergrenadierdivision in den sechziger Jahre neues Gerät zugeführt. So wurden die Panzerbataillone teilweise mit dem aus deutscher Produktion stammenden Kampfpanzer LEOPARD 1 aus gestattet, die Panzergrenadierbataillone erhielten den Schützenpanzer HS-30 und die Feldartilleriebataillone in den Brigaden wurden zu Panzerartilleriebataillone umgegliedert, in dem sie mit der amerikanischen Panzerhaubitze M109 „EMMA" 155mm ausgerüstet wurden. Mit diesem schweren Gerät erhielt die Division eine erhebliche Steigerung ihrer Kampfkraft.

Mit dem Stab der Panzerbrigade 3 sowie den Panzergrenadierbataillonen 32 und 12 verlegten im März 1962 Teile der niedersächsischen Panzergrenadierdivision auf den französischen Truppenübungsplatz Mourmelon. Im selben Jahr führte die Division eine „Brigade- und Versorgungsübung" mit mehr als 12.000 Soldaten und 350 Kettenfahrzeugen durch.

Als in der Nacht zum 17. Februar 1962 über Hamburg und die Nordseeküste eine schlimme Sturmflut herein brach, wurden zu Rettungs- und Bergearbeiten auch Teile der 1. Panzergrenadierdivision eingesetzt. Neben dem Stab und der Stabskompanie der Panzerbrigade 3 sowie den Panzerpionierkompanien waren auch das Pionierbataillon 1 sowie weitere Divisionstruppenteile im Einsatz.

Bei der Abschiedsparade am 12. Oktober 1963 für den ersten deutschen Bundeskanzler Konrad Adenauer auf dem Fliegerhorst Wunstorf stellt die erste Panzergrenadierdivision rund 1.200 Mann mit etwa 200 Rad- und Kettenfahrzeugen. Bei dem Vergleichsschießen verschiedener NATO-Panzertruppen um die „Canadian Army Trophy" (CAT-Schießen) im Mai 1970, beteiligte sich das Panzerbataillon 33 aus Luttmersen mit guten bis sehr guten Ergebnissen, so dass im Gesamtergebnis ein hervorragender zweiter Platz heraussprang.

Neuaufgestellt wurden die logistischen Einheiten der Division mit dem Nachschubbataillon 1 (Hannover) sowie dem Instandsetzungsbataillon 1 (Giesen-Ahrbergen).

Bei der Waldbrandkatastrophe im Sommer 1975 in der Lüneburger Heide werden auch Einheiten der in Hannover stationierten 1. Panzergrenadierdivision zur Brandbekämpfung eingesetzt. So müssen bspw. Berge- und Pionierpanzer Schneisen in den Wald fahren, um die Brände einzudämmen.

Die 1. Panzergrenadierdivision gliederte sich im Dezember 1975 in:

- Stab- und Stabskompanie 1. Panzergrenadierdivision (Hannover),
- Panzergrenadierbrigade 1 (Hildesheim),
- Panzergrenadierbrigade 2 (Braunschweig),
- Panzerbrigade 3 (Nienburg),
- Artillerieregiment 1 (Hannover),
- Fernmeldebataillon 1 (Hannover),
- Flugabwehrbataillon 1 (Hannover),
- Heeresfliegerstaffel 1 (Rheine, später aufgelöst),
- Heeresmusikkorps 1 (Hannover),
- Instandsetzungsbataillon 1 (Giesen-Ahrbergen),
- Nachschubbataillon 1 (Hannover),
- Panzeraufklärungsbataillon 1 (Braunschweig),
- Pionierbataillon 1 (Holzminden),
- Sanitätsbataillon 1 (Hildesheim)


Zwischen Januar und Juni 1976 gliederte die Panzergrenadierbrigade 2 aus Braunschweig in eine Panzerbrigade um und erprobte als Modelbrigade „Brigade '80" die Heeresstruktur IV. Besonders die Braunschweiger Öffentlichkeit zog die Aufmerksamkeit über die Bedeutung des Auftrags auf sich. Die Erprobung dauerte vom 1. Juli 1976 bis 30. Juni 1977 und konnte als positiv bewertet werden.

Im Frühjahr 1976 erhielt das Panzeraufklärungsbataillon 1 als einer der ersten Verbände der Panzeraufklärungstruppe den Spähpanzer LUCHS, die den Spähpanzer kurz – Hotchkiss – ersetzen.

**Spähpanzer KURZ „HOTCHKISS"**
(Fotosammlung Uwe Walter / Nachlass S. Walter, Kassel)

**Spähpanzer LUCHS im Panzeraufklärungsbataillon 1 in Braunschweig**
(Fotosammlung Uwe Walter / Nachlass S. Walter, Kassel)

Ebenfalls umgegliedert wurde das in Hannover-Langenhagen stationierte Flugabwehrbataillon 1 in das Flugabwehrregiment 1, das 36 Stück der neuen Flugabwehrkanonenpanzer GEPARD erhielt. Die GEPARDE ersetzten in der Flugabwehrtruppe die Flugabwehrpanzer M-42 „Duster".

Einen weiteren Katastropheneinsatz haben Soldaten der 1. Panzergrenadierdivision zum Jahreswechsel 1978/1979 zu bestehen, als eine Schneekatastrohe über den norddeutschen Raum hereinbricht und mit schwerem Gerät – vor allem mit Pionier- und Bergepanzern – Ortschaften und abgelegene Höfe von dem Schneemassen befreit werden.

Da durch die Erprobung der Heeresstruktur IV die 1. Panzergrenadierdivision bereits über zwei Panzerbrigaden verfügte, wurde sie am 1. April 1981 im Rahmen der Einnahme der Heeresstruktur IV in 1. Panzerdivision umbenannt.

Anfang der 1980iger Jahre waren in den Panzerbrigaden die Umrüstung auf den Kampfpanzer LEOPARD 2 weitestgehend abgeschlossen, so dass diese Umrüstung eine weitere Kampfkraftsteigerung der Panzerbataillone bedeutete.
Das Panzerbataillon 14 aus Hildesheim erhielt den Kampfpanzer LEOPARD 1 A5.
Mit Einführung des Kampfpanzers LEOPARD 2 in der Bundeswehr wurden alle Panzerbataillone einer Panzerbrigade auf diesen umgerüstet und in den Panzergrenadierbrigaden kamen die kampfwertgesteigerten Kampfpanzer LEOPARD 1 A5 zum Einsatz.

Einen besonderen Auftrag erhielt die 1. Panzerdivision im November 1985 vom damaligen Bundesminister der Verteidigung, Manfred Wörner. Auf dem Truppenübungsplatz Bergen in der Lüneburger Heide führte die 1. Panzerdivision die zentrale Veranstaltung zum 30jährigen Bestehen der Bundeswehr durch.

Zur Mitte des Jahres 1989, dem Jahr des „Berliner Mauerfalls", gliederte sich die 1. Panzerdivision in der 1980/1981 eingenommen Heeresstruktur IV in:

- Stab und Stabskompanie 1. Panzerdivision,
- Panzergrenadierbrigade 1 (Hildesheim),
- Panzerbrigade 2 (Braunschweig),
- Panzerbrigade 3 (Nienburg),
- Artillerieregiment 1 (Hannover),
- Fernmeldebataillon 1 (Hannover),
- Flugabwehrregiment 1 (Hannover),
- Heeresfliegerstaffel 1 (Celle-Wietzenbruch),
- Heeresmusikkorps 1 (Hannover),
- Instandsetzungsbataillon 1 (Giesen-Ahrbergen),
- Nachschubbataillon 1 (Hannover),
- Panzeraufklärungsbataillon 1 (Braunschweig),
- Pionierbataillon 1 (Holzminden),
- Sanitätsbataillon 1 (Hildesheim)

Zudem unterstanden der 1. Panzerdivision, wie in den anderen Divisionen des deutschen Heeres auch, diverse Feldersatz- und Jägerbataillone als Geräteeinheiten, die im Verteidigungsfall mit Reservisten aufgefüllt geworden wären und somit zu einer aktiven Einheit, die der 1. Panzerdivision unterstehen. Diese nichtaktiven Verbände wurden mit Einnahme der Heeresstruktur V „Kaderung und schneller Aufwuchs" bis Ende des Jahres 1993 größtenteils aufgelöst.

Mit der Öffnung der Berliner Mauer im November 1989, werden auch Kasernen im Einzugsbereich der 1. Panzerdivision kurzfristig zu Notunterkünften für DDR-Flüchtlinge umfunktioniert. Mit der damit später verbundenen deutschen Wiedervereinigung sowie der Neuaufstellung von Bundeswehreinheiten in den neuen Ländern auf dem Gebiet der ehemaligen Deutschen Demokratischen Republik werden auch Soldaten der 1. Panzerdivision zum „Aufbau Ost" abkommandiert.

Die durch den Moskauer Zwei-Plus-Vier-Vertrag geregelte Reduzierung der Bundeswehr machte auch vor der 1. Panzerdivision aus Hannover nicht Halt und als der damalige Bundesverteidigungsminister Dr. Gerhard Stoltenberg im Mai 1991 sein Strukturkonzept vorlegte, war klar, dass die 1. Panzerdivision zwar bestehen bleiben würde – jedoch aber in völlig veränderter Form:

Von der 1. Panzerdivision würden bis Ende des Jahres 1994 die Panzerbrigade 2 (Braunschweig) und die Panzerbrigade 3 (Nienburg) aufgelöst werden. Teile der Panzerbrigade 2 würden der Panzergrenadierbrigade 1 aus Hildesheim unterstellt. Die verbleibenden Verbände der Panzerbrigade 3 wurden der Panzerbrigade 21 „Lipperland" in Augustdorf unterstellt.
Von den Divisionstruppenteilen wurden neben den Logistikteilen – das Nachschub- und Instandsetzungsbataillon 1 – auch Teile des Artillerieregiments 1, das mit Stab und Stabsbatterie nach Nienburg verlegt, sowie das Flugabwehrregiment 1 und die Heeresfliegerstaffel 1 aufgelöst.
Zunächst gab es Überlegungen, auch das Panzeraufklärungsbataillon 1 als Divisionstruppenteil zu erhalten, was aber aufgrund der weiteren Sparmaßnahmen im Verteidigungshaushalt nicht möglich war.

Truppendienstlich neu unter das Kommando der 1. Panzerdivision, die wie bereits oben beschrieben mit dem Wehrbereichskommando II fusionierte, wurden die Panzergrenadierbrigaden 19 (Ahlen) und 32 (Schwanewede) gestellt. Zudem das Panzeraufklärungsbataillon 3 aus Lüneburg, welches von der aufgelösten 3. Panzerdivision kommt und das Panzerflugabwehrkanonenregiment 11 aus Achim.
Neu aufgestellt wurden zudem die Pionierbrigade 20 in Minden, durch Umgliederung des Pionierkommandos 1 und das Logistikregiment 1 in Delmenhorst, dem größtenteils die Logistikverbände der aufgelösten 11. Panzergrenadierdivision aus Oldenburg unterstellt wurden.
Ebenfalls neu aufgestellt wurden zudem das Führungsunterstützungsregiment 20, dem das Stabs- und Fernmelderegiment 1 – hervorgegangen durch Umgliederung des Fernmeldebataillons 1 - und das Heeresmusikkorps 1 unterstellt wurden.

Am 1. April 1994 fand schließlich in der Kurt-Schumacher-Kaserne in Hannover, wohin der Stab und die Stabskompanie der 1. Panzerdivision verlegt hatten, der Aufstellungsappell für das Wehrbereichskommando II / 1. Panzerdivision statt.

Das Wehrbereichskommando II / 1. Panzerdivision gliederte sich im Dezember 1994 in:

- Stab und Stabskompanie WBK II / 1. Panzerdivision (Hannover),
- Panzergrenadierbrigade 1 (Hildesheim),
- Panzergrenadierbrigade 19 (Ahlen / Westfalen),
- Panzergrenadierbrigade 32 (Schwanewede),
- Artillerieregiment 1 (Nienburg)
- Pionierbrigade 20 (Minden),
- Logistikregiment 1 (Delmenhorst),
- Panzerflugabwehrkanonenregiment 11 (Achim),
- Führungsunterstützungsregiment 20 (Hannover)
- Sanitätsbataillon 1 (Hildesheim)

Das Wehrbereichskommando II / 1. Panzerdivision wurde mit Auflösung des I. Korps unter das neu aufgestellte Heeresführungskommando in Koblenz truppendienstlich unterstellt.

***Die Kommandeure der 1. Panzerdivision:***

| | | |
|---|---|---|
| 07/1956 – 03/1957 | Brigadegeneral | Willi Mantey (mit der Führung beauftragt), |
| 04/1957 – 04/1959 | Generalmajor | Paul Reichelt, |
| 05/1959 – 03/1961 | Generalmajor | Burkhart Müller-Hildebrand, |
| 03/1961 – 09/1963 | Generalmajor | Wilhelm Meyer-Detring, |
| 10/1963 – 09/1966 | Generalmajor | Anton-Detlev von Plato, |
| 10/1966 – 03/1970 | Generalmajor | Klaus Schubert, |
| 04/1970 – 12/1972 | Generalmajor | Horst Herbert Hildebrandt, |
| 12/1972 – 09/1974 | Generalmajor | Hans-Joachim Löser, |
| 10/1974 – 09/1977 | Generalmajor | Wilhelm Garken, |
| 10/1977 – 09/1979 | Generalmajor | Christian Schünemann, |
| 10/1979 – 03/1983 | Generalmajor | Heinz Kasch, |
| 04/1983 – 03/1985 | Generalmajor | Henning von Ondarza, |
| 04/1985 – 09/1987 | Generalmajor | Helge Hansen, |
| 10/1987 – 03/1991 | Generalmajor | Hartmut Behrendt, |
| 04/1991 – 03/1994 | Generalmajor | Ernst Lissinna, |
| 04/1994 – 09/1994 | Generalmajor | Hartmut Behrendt, |
| 10/1994 – 03/1996 | Generalmajor | Gerd Schultze-Ronhoff, |

# Fernmeldebataillon 1

**Aufstellung:**
Das Fernmeldebataillon 1 wird am 1. Juli 1956 in Hannover, Nordring-Kaserne, aus Teilen der Fernmeldehundertschaft des Bundesgrenzschutzkommandos „Nord" aufgestellt. Bereits am 1. August 1956 verlegt es in die Scharnhorst-Kaserne und im Januar 1957 in die Prinz-Albrecht-Kaserne

**Standorte:**

| | |
|---|---|
| 1956 | Hannover, Nordring-Kaserne, |
| 1956 – 1957 | Hannover-Bothfeld, Scharnhorst-Kaserne, |
| 1957 – 1994 | Hannover, Prinz-Albrecht-Kaserne |

**Unterstellungen:**

| | |
|---|---|
| 1956 – 1959 | 1. Grenadierdivision, |
| 1959 – 1994 | 1. Panzergrenadierdivision / 1. Panzerdivision |

**Veränderung / Auflösung:**
Das Fernmeldebataillon 1 wird mit Einnahme der Heeresstruktur V „Kaderung und schneller Aufwuchs" nach Rotenburg (Wümme) verlegt, dem Führungsunterstützungsregiment 20 unterstellt und in das „Stabs- / Fernmeldebataillon 1" umgegliedert.

Das Stabs- / Fernmeldebataillon 1 wurde mit Auflösung des Führungsunterstützungsregimentes 20 bis zum 1. Juli 2003 wieder zum Fernmeldebataillon 1 umgegliedert und erneut der 1. Panzerdivision direkt unterstellt. Im Juli 2006 wird es zum „Fernmelderegiment 1" umgegliedert, bleibt der in Hannover stationierten 1. Panzerdivision unterstellt und wird im Rahmen der Standortentscheidung aus dem Jahr 2011 schließlich bis zum 31. Dezember 2015 aufgelöst. Teile von dem Fernmelderegiment 1 sind heute in der Stabs- und Fernmeldekompanie der 1. Panzerdivision zu finden.

VW Bus mit Antennenanlage im Fernmeldebataillon1
(Fotosammlung Uwe Walter / Nachlass S. Walter, Kassel)

# Flugabwehrregiment 1

**Aufstellung:**
Die Aufstellung des Flugabwehrregiments 1 erfolgt zum 1. Oktober 1977 durch Umbenennung und Umgliederung des Flugabwehrartilleriebataillons 1, welches am 1. Juli 1956 aus Teilen des Grenzschutzkommandos Nord aufgestellt wird.

**frühere Benennungen:**

| | |
|---|---|
| 1956 – 1959 | Flugabwehrartilleriebataillon 1, |
| 1959 – 1977 | Flugabwehrbataillon 1, |
| 1977 – 1992 | Flugabwehrregiment 1 |

**Standort:**

| | |
|---|---|
| 1959 – 1980 | Hannover-Langenhagen, Boelcke-Kaserne |

**Unterstellung:**

| | |
|---|---|
| 1956 – 1959 | 1. Grenadierdivision, |
| 1959 – 1992 | 1. Panzergrenadierdivision / 1. Panzerdivision |

**Auflösung:**
Die Auflösung des Flugabwehrregiments 1 erfolgte zum 30. September 1992.

Flugabwehrpanzer GEPARD des Flugabwehrregiments 1 beim
Tiefwaten in der Leine, auf der Höhe der Marienburg bei Nordstemmen
(Fotosammlung Uwe Walter / Archiv HFlaS 1-1980-026229)

# Heeresfliegerstaffel 1

**Aufstellung:**
Am Bundeswehrstandort Celle-Wietzenbruch wurde am 1. Oktober 1979 die Heeresfliegerstaffel 1 aufgestellt.
**Standort:**
1979 – 1994          Celle-Wietzenbruch
**Unterstellungen:**
1979 – 1994          1. Panzerdivision
**Auflösung:**
Mit Einnahme der Heeresstruktur V „Kaderung und schneller Aufwuchs" wurde die Heeresfliegerstaffel 1 aufgelöst.

# Heeresmusikkorps 1

**Aufstellung:**
In Hannover wird am 1. Juli 1956 das Musikkorps II A aufgestellt, aus dem durch Umbenennung am 16. März 1959 mit Wirkung zum 1. April 1959 das Heeresmusikkorps 1 wird.
**Standort:**
seit 1956          Hannover, zurzeit Scharnhorst-Kaserne
**Unterstellung:**
1956 – 1959          1. Grenadierdivision
1959 – 2014          1. Panzergrenadierdivision / 1. Panzerdivision
**Veränderung:**
Aufgrund der weiteren Transformation der Bundeswehr schied das Heeresmusikkorps 1 spätestens im Jahre 2014 aus dem deutschen Heer aus und wird der Streitkräftebasis unterstellt. Als „Bundeswehrmusikkorps Hannover" besteht es weiterhin.

# Instandsetzungsbataillon 1 

**Aufstellung:**
Am 1. Oktober 1975 wird in Giesen-Ahrbergen das Instandsetzungsbataillon 1 aufgestellt.
**Standort:**
1975 – 1994          Giesen-Ahrbergen, Ohnacker-Kaserne
**Unterstellung:**
1975 – 1994          1. Panzergrenadierdivision / 1. Panzerdivision
**Auflösung:**
Das Instandsetzungsbataillon 1 wird zum 31. März 1994 im Rahmen der Einnahme der Heeresstruktur V „Kaderung und schneller Aufwuchs" aufgelöst.

# Nachschubbataillon 1 

**Aufstellung:**
Am 1. Oktober 1975 wird in Hannover-Bothfeld das Nachschubbataillon 1 aufgestellt.
**Standort:**
1975 – 1994          Hannover-Bothfeld, Scharnhorst-Kaserne
**Unterstellung:**
1975 – 1994          1. Panzergrenadierdivision / 1. Panzerdivision
**Auflösung:**
Das Nachschubbataillon 1 wird zum 31. März 1994 im Rahmen der Einnahme der Heeresstruktur V „Kaderung und schneller Aufwuchs" aufgelöst.

# Panzeraufklärungsbataillon 1 

**Aufstellung:**
Aus Teilen der Panzeraufklärungsbataillone 4 und 7 wird am 1. Oktober 1958 in Augustdorf das Panzeraufklärungsbataillon 1 neu aufgestellt.
**Standorte:**
1958 – 1959          Augustdorf,
1959 – 1994          Braunschweig-Kalenriede, Husaren-Kaserne
**Unterstellungen:**
1958 – 1959          1. Grenadierdivision,
1959 – 1994          1. Panzergrenadierdivision / 1. Panzerdivision
**Auflösung:**
Zum 30. September 1994 wird das Panzeraufklärungsbataillon 1 aufgelöst.

**Spähpanzer Luchs in Gefechtsstellung mit Tarnung**
**(Fotosammlung Uwe Walter / mit freundlicher Genehmigung PzAufKlBtl 5)**

**Spähzug mit zwei LUCHSEN während einer Übung**
**(Fotosammlung Uwe Walter / Nachlass Oberstleutnant Verbarg)**

# Pionierbataillon 1

**Aufstellung:**
Am 1. April 1960 wird in der Holzmindener Pionier-Kaserne durch Umbenennung des Pionierbataillons 3 das Pionierbataillon 1 aufgestellt.

**frühere Benennungen:**

| | |
|---|---|
| 1956 – 1958 | Pionierbataillon 2, |
| 1958 – 1960 | Pionierbataillon 7, |
| 1960 – 2002 | Pionierbataillon 1, |

**Standort:**

| | |
|---|---|
| seit 1956 | Holzminden, Pionier-Kaserne „Am Soling" |

**Unterstellungen:**

| | |
|---|---|
| 1956 – 1958 | 2. Grenadierdivision, |
| 1958 – 1960 | 7. Panzergrenadierdivision, |
| 1960 – 1993 | 1. Panzergrenadierdivision / 1. Panzerdivision |

**Veränderung:**
Im Jahr 1993 erfolgt der Unterstellungswechsel unter die Pionierbrigade 30 „Rhein-Weser" und damit zum Wehrbereichskommando III / 7. Panzerdivision.

Ein erneuter Unterstellungswechsel erfolgt zum 1. April 2002:
Die Pionierbrigade 30 wird zum 31. März 2002 aufgelöst. Vorher wird das Pionierbataillon 1 in ein Panzerpionierbataillon umgegliedert, erhält den Namen „Panzerpionierbataillon 1" wird unter das Kommando der Panzerbrigade 21 „Lipperland" gestellt.

Zum 1. April 2006 scheidet das Panzerpionierbataillon 1 aus dem Unterstellungsverhältnis zur Panzerbrigade 21 aus und es erfolgt die Unterstellung unter die Pionierbrigade 100, aus dem ein Jahr später das Pionierregiment 100 hervorgeht.

Mit Auflösung des Pionierregiments 100 wird das Panzerpionierbataillon 1 in einem großen Umgliederungs- und Unterstellungsappell zum 1. Juli 2015 wieder der Panzerbrigade 21 "Lipperland" im westfälischen Augustdorf unterstellt.

**Pioniere beim Brückenbau**
**(Fotosammlung Uwe Walter / Fotograf nicht bekannt)**

# Sanitätsbataillon 1

**Aufstellung:**
Am Bundeswehrstandort Bückeburg wurde durch Umbenennung zum 1. Mai 1957 das Sanitätsbataillon 1 aufgestellt.

**frühere Benennungen:**
| | |
|---|---|
| 1956 – 1957 | Sanitätsbataillon 3, |
| 1957 – 1996 | Sanitätsbataillon 1 |

**Standorte:**
| | |
|---|---|
| 1956 – 1957 | Bad Eilsen, |
| 1957 – 1967 | Bückeburg, |
| 1967 – 1994 | Hildesheim, Oberstabsarzt-Dr.-Julius-Schreps-Kaserne |

**Unterstellungen:**
| | |
|---|---|
| 1956 – 1957 | 3. Panzerdivision, |
| 1957 – 1959 | 1. Grenadierdivision, |
| 1959 – 1994 | 1. Panzergrenadierdivision / 1. Panzerdivision |

**Veränderung / Auflösung:**
Mit Auszug des Panzerbataillons 14 aus der Hildesheimer Gallwitz-Kaserne wurde das Sanitätsbataillon 1 bis zum Jahre 1994 dorthin verlegt und dem Wehrbereichskommando II / 1. Panzerdivision unterstellt. Im Jahre 1996 mit Einnahme der Nachsteuerung der Heeresstruktur IV „Kaderung und schneller Aufwuchs" erfolgt die Umgliederung und Umbenennung in das Sanitätsregiment 1.

Mit Einnahme der Heeresstruktur VI „Heer der Zukunft" wird das Sanitätsregiment 1 in das Lazarettregiment 31 umbenannt/umgegliedert, bis Ende des Jahres 2003 nach Berlin, Blücher-Kaserne, verlegt und schließlich zum 30. Juni 2015 aufgelöst

**Sanitätspanzer MTW 113 der auch im Sanitätsbataillon 1 zu finden war**
**(Fotograf: Uwe Walter)**

# Feldersatzbataillon 11 (GE) 

Das Feldersatzbataillon 11 (GE) wurde am 1. Oktober 1982 in Bad Rothenfelde, Mobilmachungsstützpunkt, als Geräteinheit und somit als nicht aktiver Divisionstruppenteil der 1. Panzerdivision aufgestellt.

Neben einem Stab sowie einer Stabs- und Versorgungskompanie gliederte sich das Feldersatzbataillon 1 (GE) in vier Feldersatzkompanien.

Mit Einnahme der Heeresstruktur V erfolgte zum 1. April 1994 die Verlegung nach Hannover, Emmrich-Combrai-Kaserne, wo das Feldersatzbataillon 11 (GE) bis zum 1. August 1995 in das Ersatzbataillon 11 (GE) umgegliedert wird.

Das Ersatzbataillon 11 (GE) wurde schließlich zum 30. Juni 2008 aufgelöst.

# Feldersatzbataillon 12 (GE)

Das Feldersatzbataillon 12 (GE) wurde als nicht aktive Geräteeinheit im Rahmen der Einnahme der Heeresstruktur IV am 1. Juni 1981 in Bad Rothenfelde, Mobilmachungsstützpunkt, aufgestellt.

Neben einem Stab sowie einer Stabs- und Versorgungskompanie gliederte sich das Bataillon in fünf Feldersatzkompanien.

Das Feldersatzbataillon 12 (GE) wurde zum 31. März 1994 aufgelöst.

# Feldersatzbataillon 13 (GE)

Am 1. August 1962 wird in Minden das Feldersatzbataillon 17 (GE) als nicht aktive Geräteeinheit aufgestellt. Aus dieser nicht aktiven Geräteeinheit wird im Mobilmachungsstützpunkt Minden am 1. Juli 1981 das Feldersatzbataillon 13 (GE) aufgestellt und gliederte sich neben einem Stab sowie einer Stabs- und Versorgungskompanie in vier Feldersatzkompanien.

Die Auflösung des Bataillons erfolgte zum 31. März 1994.

# Feldersatzbataillon 14 (GE)

Als der Vorgänger des Feldersatzbataillons 14 (GE) kann das im Jahr 1962 am Mobilmachungsstützpunkt Rehberg-Loccum aufgestellte Feldersatzbataillon 27 angesehen werden, dass zur Aufstellung des Bataillons herangezogen wird.

Das Feldersatzbataillon 14 (GE) wurde als nicht aktive Geräteeinheit im Rahmen der Einnahme der Heeresstruktur IV am 1. April 1981 im Mobilmachungsstützpunkt Rehberg-Loccum aufgestellt und wurde zum 31. Dezember 1992 aufgelöst.

Wie die nicht aktiven Geräteeinheiten Feldersatzbataillon 11 und 13 gliederte es sich neben dem Stab sowie einer Stabs- und Versorgungskompanie in vier Feldersatzkompanien.

# Feldersatzbataillon 15 (GE)

Im Jahr 1963 wird im Mobilmachungsstützpunkt Hasbergen das nicht aktive Feldersatzbataillon 37 aufgestellt und verlegt im Jahr 1964 nach Rehberg-Loccum. Aus diesem Feldersatzbataillon 37 wird am 1. April 1981 das Feldersatzbataillon 15 (GE) als nicht aktive Geräteeinheit im Mobilmachungsstützpunkt Rehberg-Loccum aufgestellt und von dort in die Wilhelmstein-Kaserne nach Neustadt (am Rübenberge) – Ortsteil Luttmersen – im Jahr 1986 verlegt. Wie die Feldersatzbataillone 11, 13 und 14 nahm es dieselbe Gliederung ein.
Das Feldersatzbataillon 15 (GE) wurde zum 30. September 1993 aufgelöst.


# Jägerbataillon 16 (GE)

Das nicht aktive Jägerbataillon 16 (GE) wurde im Mobilmachungsstützpunkt Minden im Jahr 1983 aufgestellt und verlegte im Jahr 1986 nach Celle-Scheuen, Freiherr-von Fritsch-Kaserne. Das Großgerät des Bataillons war in einem Depot in der Region Hannover eingelagert und das Bataillon gliederte sich neben dem Stab und seiner Stabs-und Versorgungskompanie in drei Jägerkompanien sowie eine schwere Kompanie, die mit dem Panzermörser 120mm auf M113 sowie sechs Panzerabwehrwaffen Milan ausgestattet war.
Die Auflösung des Jägerbataillons 16 (GE) erfolgte zum 30. September 1992.


# Jägerbataillon 17 (GE)

In der Ohnacker-Kaserne in Giesen-Ahrbergen wird im Jahr 1981 das Jägerbataillon 17 (GE) als nicht aktive Geräteeinheit aufgestellt und gliederte sich neben dem Stab und seiner Stabs-und Versorgungskompanie in drei Jägerkompanien sowie eine schwere Kompanie, die mit dem Panzermörser 120mm auf M113 sowie sechs Panzerabwehrwaffen Milan ausgestattet waren.
Mit Einnahme der Heeresstruktur V wird das Jägerbataillon 17 (GE) zum 31. Dezember 1992 aufgelöst.


# Sicherungsbataillon 18 (GE)

Im Rahmen der Heeresstruktur IV wird im Jahr 1981 das nicht aktive Sicherungsbataillon 18 (GE) als Geräteeinheit in Braunschweig aufgestellt und verlegt drei Jahre nach seiner Aufstellung nach Giesen-Ahrbergen.
Das Sicherungsbataillon 18 (GE) gliederte sich in eine Stabs- und Versorgungskompanie sowie drei Sicherungskompanien.
Mit Einnahme der Heeresstruktur V wird das Sicherungsbataillon 18 (GE) zum 1. Oktober 1992 in das Heimatschutzbataillon 18 umgegliedert und spätestens im Jahr 2006 aufgelöst.

# Artillerieregiment 1

Bereits einige Zeit vor der offiziellen Aufstellung der Bundeswehr im November 1955 werden auch die „Weichen" für die Artillerieverbände der Bundeswehr gelegt und daher kann das Artillerieregiment 1 als eines der ältesten Artillerieregimenter der Artillerietruppe der Bundeswehr angesehen werden.

Seine Geschichte beginnt bereits im Juli 1956, als aus der III. Abteilung der Grenzschutztruppen 3 und 7 das Feldartillerieregiment 1 aufgestellt wird. Der endgültige Stationierungsraum sollte Niedersachen mit der Region Hannover werden und daher wurde dem Artillerieregiment 1 der Beiname „niedersächsische Artillerie" verliehen. Die Aufstellungsphase die Geschichte des Regiments sollte jedoch in Schleswig-Holstein und in der Hansestadt Hamburg beginnen.

Doch bevor das Regiment und die unterstellten Verbände in Niedersachen auch endgültig stationiert werden konnten, mussten sie gerade in den Anfangsjahren der Bundeswehr einige - teilweise auch „schmerzliche" - Veränderungen und Umgliederungen hin nehmen.

Bereits am 1. Juli 1956 sollte das Feldartillerieregiment 1 seine erste Gliederung einnehmen, die wie folgt aussah:

- Stab und Stabsbatterie Feldartillerieregiment 1 in Hamburg-Rahlstedt,
- I. Bataillon / Feldartillerieregiment 1 in Glückstadt,
- III. Bataillon / Feldartillerieregiment 1 in Hamburg-Rahlstedt

Ausgerüstet war das I. Bataillon / Feldartillerieregiment 1 mit der Feldhaubitze 105mm M2 A1. Die Feldhaubitze 155mm M1 A2 war im III. Bataillon zu finden.

Der Regimentsstab des Feldartillerieregiment 1 war in der Sophienterrasse 14, im ehemaligen Generalkommando, untergebracht.

Das I. Bataillon / Feldartillerieregiment 1 verlegt bereits am 14. September 1956 nach Hamburg-Rahlstedt, Douaumont-Kaserne, wo das Feldartillerieregiment 1 zunächst zusammen „vereint" stationiert ist.

Doch dieses „Zusammenleben" sollte nicht allzu lange andauern, denn bereits im Juni 1957 ist die Verlegung des III. Bataillons in die Estetal-Kaserne in Buxtehude abgeschlossen. Nach knapp einem Jahr in Buxtehude, verlegte das Bataillon nach Braunschweig, bevor es im März 1959 nach Hannover zunächst in die Scharnhorst-Kaserne verlegte und im Jahr 1960 in der Flak-Kaserne, der späteren Freiherr-von Fritsch-Kaserne, seine „militärische" Heimat findet.
Bereits am 16. März 1959 wurde das III. Bataillon / Feldartillerieregiment 1 mit Einnahme der Heeresstruktur II in Feldartilleriebataillon 11 umbenannt.

Nach Braunschweig verlegt das I. Bataillon / Feldartillerieregiment 1, wo das Bataillon nach Standortbestimmung durch den Führungsstab des Heeres seinen endgültigen Standort bekommt. Am 16. März 1959 verlässt dieses Bataillon das Unterstellungsverhältnis zum Feldartillerieregiment 1 und wird der Panzergrenadierbrigade 2 unterstellt.
Als Feldartilleriebataillon / Panzerartilleriebataillon 25 wird es bis zu seiner Auflösung im Jahr 1992 ein Truppenteil der Braunschweiger Brigade 2.

Im Jahr 1958 verlegten auch der Stab und die Stabsbatterie Feldartillerieregiment 1 nach Hannover - zunächst in die die Prinz-Albrecht-Kaserne - bevor es knapp zwei Jahre später in der Flak-Kaserne, der späteren Freiherr-von-Fritsch-Kaserne zusammen mit dem Feldartilleriebataillon 11 bis zu seiner Verlegung nach Nienburg im Jahr 1993 stationiert wird.
Mit Einnahme der Heeresstruktur II wurde am 16. März 1959 das Feldartillerieregiment 1 in Artillerieregiment 1 umbenannt.

Das zweite Bataillon des Artillerieregiments 1 sollte nach damaliger Konzeption ein Raketenartilleriebataillon sein. Das spätere Raketenartilleriebataillon 12 wurde im Jahr 1959 an der Raketenschule der Bundeswehr in Eschweiler als Raketenartilleriebataillon 140 und damit als Korpstruppenteil des Artilleriekommandos 1 des I. Korps aus Münster aufgestellt. Kurz nach seiner Aufstellung verlegte das Raketenartilleriebataillon 140 nach Nienburg, wo das Bataillon bis zu seiner Deaktivierung im Jahr 2002 stationiert war.
Die offizielle Namensgebung Raketenartilleriebataillon 12 erfolgte im Jahr 1964 und damit auch der Unterstellungswechsel unter das Artillerieregiment 1.

Das Raketenartilleriebataillon 12 gliederte sich neben einem Stab und einer Stabs- sowie Versorgungsbatterie (1./12) in drei schwere Raketenwerferbatterien, die mit dem Raketenwerfer HONEST JOHN ausgestattet waren (2./12, 3./12, 4./12) und einer Begleitbatterie (5./12).

**Raketenwerfer HONEST JOHN beim Schuss**
(Fotosammlung Uwe Walter / mit freundlicher Genehmigung Herr Ewert)

Eine weitere Komponente des Artillerieregiments 1 sollte die aufklärende Artillerie sein und die Anfänge sind in der Schallmessbatterie 1 und Radarbatterie 1 zu finden, die beide im März 1968 in Dedelstorf aufgestellt wurden. Bereits im November verlegen diese beiden Batterien nach Hannover.
Die Schallmessbatterie und die Radarbatterie waren zunächst selbstständige Batterien des Regiments und wurden am 1. Oktober 1972 zur Aufstellung des Beobachtungsbataillons 1 in Wolfenbüttel herangezogen.

Eine erhöhte Feuerkraft erfährt das Feldartilleriebataillon 11, als es ab Mitte 1964 auf die Feldhaubitze M-107 SF – Selbstfahrlafette – sogenannte „Feldkanone" 175mm sowie die Feldhaubitze 203mm M-110 A1 umrüstet.

Feldhaubitzen auf Selbstfahrlafette M-107 SF 175mm Abmarschbereit
(Fotosammlung Uwe Walter / Nachlass S. Walter, Kassel)

Mit Einnahme der Heeresstruktur III wird im Jahr 1971 das Raketenartilleriebataillon 12 erneut umgegliedert. Die „12er" werden unter anderem mit dem Mehrfachraketenwerfer LARS der 1. Fahrzeuggeneration ausgestattet. Das Raketenwerfersystem war auf einem Radfahrzeug Magirus-Deutz Jupiter 110 SF montiert und steht für **L**eichtes**A**rtillerie**R**aketen**S**ystem.
Neben dem Stab und einer Stabs- und Versorgungsbatterie (1./12) gliederte sich das Bataillon nun in eine schwere Raketenwerferbatterie mit HONEST JOHN (2./12) sowie zwei leichte Raketenwerferbatterien (3./12 und 4./12) mit jeweils acht Mehrfachraketenwerfer LARS. Als fünfte Batterie (5./12) verfügte das Bataillon über eine Begleitbatterie.

Mehrfachraketenwerfer LARS 1 auf Fahrgestell Magirus-Deutz „Jupiter" (6x6)
(Fotosammlung Uwe Walter / Nachlass S. Walter, Kassel)

Im Rahmen der Einnahme der Heeresstruktur IV werden die Artillerieverbände der Bundeswehr erneut umgegliedert und die noch fehlenden Beobachtungsbataillone in den Artillerieregimentern aufgestellt.

Für das Artillerieregiment 1 bedeutete diese neue Struktur erneut die Umgliederung, Neuaufstellung oder Auflösung ihrer Verbände.

Das Beobachtungsbataillon 1 wird zur Aufstellung des Beobachtungsbataillons 13 herangezogen und gliedert sich neben dem Stab in eine Stabs- und Versorgungsbatterie (1./13) sowie in eine Schallmessbatterie (2./13), eine Radarbatterie (3./13) sowie eine Drohnenbatterie (4./13).

Umgegliedert werden musste auch das Raketenartilleriebataillon 12, das seine HONEST-JOHN-BATTERIE (2. Batterie) auflöst und die bisherige 4. Batterie die „neue" 2. Batterie wird. Die „neue" 4. Batterie wird als Begleitbatterie aus der bisherigen 5. Batterie neu aufgestellt.
Zudem wird das Bataillon mit dem Mehrfachraketenwerfer LARS 2 ausgestattet. Damit gliederte sich das Raketenartilleriebataillon 12 neben dem Bataillonsstab und der Stabs- und Versorgungsbatterie (1./12) in zwei schießende Batterien mit jeweils acht Mehrfachraketenwerfern (2./12 und 3./12) in eine Begleitbatterie (4./12).

Eine weitere Umrüstung auf die Feldhaubitze 155-1 „FH-70" (2./11 bis 4./11) erfährt auch das Feldartilleriebataillon 11. Bis zur Jahresmitte des Jahres 1980 ist die Umrüstung auf die Feldhaubitze 155mm „FH-70" abgeschlossen.
Die Feldhaubitzen 175mm sog. „Feldkanone" M-107 SF verlassen das Bataillon.

Feldhaubitze 155mm „FH-70" gezogen von einem MAN 7-Tonner (6x6)
(Fotosammlung Uwe Walter / Nachlass S. Walter, Kassel)

Das Artillerieregiment 1 gliederte sich nach Abschluss der Einnahme der Heeresstruktur IV in:

- Stab und Stabsbatterie Artillerieregiment 1 in Hannover,
- Feldartilleriebataillon 11 in Hannover,
- Raketenartilleriebataillon 12 in Nienburg,
- Beobachtungsbataillon 13 in Wolfenbüttel,

Ein weiterer Einschnitt für die Verbände des Artillerieregiments 1 bedeutet auch die Einnahme der „ARTILLERIESTRUKTUR ´85", die eine vorgeschobene Umgliederung der späteren Heeresstruktur V gewesen ist:

Ab dem Jahr 1985 werden die Verbände der Artillerie der Bundeswehr erneut umgegliedert und so erfährt das Feldartilleriebataillon 11 eine weitere massive Stärkung, als die neuen zwölf Feldhaubitzen 203mm M-110 A2 SF auf Selbstfahrlafette in Hannover eintreffen.
Das Feldartilleriebataillon 11 gliederte sich nun neben einem Bataillonsstab in eine Stabs- und Versorgungsbatterie (1./11) in zwei Batterien mit je neun Feldhaubitzen 155mm „FH-70" (2./11 und 3./11 Batterie) sowie zwei Batterien mit je sechs Feldhaubitzen 203mm M-110 A2 auf Selbstfahrlafette (4./11 und 5./11).

**Feldhaubitze M-110 SF 203mm auf Selbstfahrlafette**
**(Fotosammlung Uwe Walter / Nachlass S. Walter, Kassel)**

Zudem stellte das Artillerieregiment 1 die zwei Artilleriespezialzüge I/1 und II/1 auf. Für die Artilleriespezialzüge wurden das Feldartilleriebataillon 11 und das Panzerartilleriebataillon 35 in Luttmersen herangezogen. Im Verteidigungsfall hätten diese beiden Verbände den atomaren Artillerieschlag der Division durchführen müssen.

Eine Umgliederung erfährt auch das Raketenartilleriebataillon 12, das seine vierte Batterie verliert und als Begleitbatterie 1 eine selbstständige Einheit des Regiments wird. Neu aufgestellt werden die vierte und fünfte Batterie. Damit gliedert sich das Raketenartilleriebataillon 12 neben dem Stab in eine Stabs- und Versorgungsbatterie (1./12) sowie vier schießende Batterien (2./12, 3./12, 4./12 und 5./12) mit jeweils acht Raketenwerfern LARS. Der Zulauf der Mehrfachraketenwerfer MARS, **M**ittleres**A**rtillerie**R**aketen**S**ystem, beginnt im Frühjahr 1991 und ist im Jahr 1997 abgeschlossen. Sämtliche Mehrfachraketenwerfer LARS wurden abgegeben.

Ein weiterer Verband des Artillerieregiments 1 war die bereits oben erwähnte Begleitbatterie 1, die aus der vierten Batterie des Raketenartilleriebataillons 12 als selbstständige Einheit hervorging. Die Soldaten der Begleitbatterie 1 hatten den Auftrag das Sondermunitionslager in Liebenau, in dem die Atomsprengköpfe und weitere Nuklearwaffen der Division gelagert waren, zu bewachen. Dazu arbeiteten die Soldaten mit dem 32th (US) Field Artillery Detachment zusammen. Nachdem im Jahr 1992 der atomare Auftrag endet und das Sondermunitionslager geschlossen wird, ist die Begleitbatterie 1 zur Auflösung vorgesehen.

Das Artillerieregiment 1 gliederte sich am Tag des Berliner Mauerfalls, den 9. November 1989, in:

- Stab und Stabsbatterie Artillerieregiment 1 in Hannover,
- Feldartilleriebataillon 11 in Hannover,
- Raketenartilleriebataillon 12 in Nienburg,
- Beobachtungsbataillon 13 in Wolfenbüttel,
- Begleitbatterie 1 in Liebenau,
- Artilleriespezialzüge I/1 und II/1

Mit Einnahme der Heeresstruktur V „Kaderung und schneller Aufwuchs" werden das Feldartilleriebataillon 11, das Beobachtungsbataillon 13, die Begleitbatterie 1 sowie die beiden Artilleriespezialzüge aufgelöst.

Neu dem Artillerieregiment 1, das mit Stab und Stabsbatterie von Hannover nach Nienburg verlegt, unterstellt werden das Beobachtungsartilleriebataillon 113 aus Delmenhorst und die Drohnenbatterie 1, die ebenfalls in Delmenhorst stationiert ist.
Das Beobachtungsartilleriebataillon 113 entsteht durch die Zusammenlegung des Beobachtungsbataillons 113 und des Feldartilleriebataillons 111. Das Bataillon gliederte sich neben dem Stab in eine Stabs- und Versorgungsbatterie (1./113), in eine Beobachtungsbatterie (2./113) sowie zwei schießende Batterien (3./113, 4./113) mit jeweils zwölf Feldhaubitzen 155mm („FH-70") sowie eine nicht aktive Feldersatzbatterie (5./113), in der die Reservisten des Bataillons aus- und weitergebildet wurden.

Ab dem 1. April 1994 nahm das Artillerieregiment 1, das seit diesem Datum im Unterstellungsverhältnis zum Wehrbereich II / 1. Panzerdivision unterstand, die nachfolgende Gliederung ein:

- Stab und Stabsbatterie Artillerieregiment 1 in Nienburg,
- Raketenartilleriebataillon 12 in Nienburg,
- Beobachtungsartilleriebataillon 113 in Delmenhorst,
- Drohnenbatterie 1 in Delmenhorst.

Eine erneute Umgliederung erfährt das Artillerieregiment 1 mit Einnahme der Heeresstruktur VI „Neues Heer für neue Aufgaben", als das Beobachtungsartilleriebataillon 113 zunächst von Delmenhorst nach Nienburg verlegt und mit der Panzerhaubitze 155mm M-109 A3 G ausgerüstet wird. Im Zuge der Umrüstung von der Feldhaubitze 155mm („FH-70") auf die Panzerhaubitze wird das Beobachtungsartilleriebataillon 113 in Beobachtungspanzerartilleriebataillon umbenannt. Die Nummer „113" bleibt weiterhin bestehen.

Aufgrund von weiteren Sparmaßnahmen im Verteidigungshaushalt ist auch das Artillerieregiment 1 im Rahmen der Einnahme der Heeresstruktur VII „Heer der Zukunft" vom damaligen Bundesverteidigungsminister Rudolf Scharping sowie seine Verbände für die Umgliederung in nicht aktive Einheiten vorgesehen, dessen Großgerät in Depots Langzeit eingelagert werden. Die offizielle Außerdienststellung des aktiven Artillerieregiments 1 erfolgte zum 31. Dezember 2002.

Die nicht aktive Geräteeinheit Stab und Stabsbatterie Artillerieregiment 1 wurde schließlich bis zum 1. Juli 2009 aufgelöst.

***Die Kommandeure des Artillerieregiments 1:***
*1956 – 1958   Oberst Reissmüller (mit der Führung beauftragt),*
*1958 – 1960   Oberst Schade,*
*1960 – 1962   Oberst Boehm,*
*1962 – 1964   Oberst Boes,*
*1964 – 1967   Oberst Bühring,*
*1967 – 1971   Oberst Feist,*
*1971 – 1973   Oberst Krug,*
*1973 – 1977   Oberst Golla,*
*1977 – 1982   Oberst Dobbert,*
*1982 – 1985   Oberst Derrik,*
*1985 – 1988   Oberst Reichhelm,*
*1988 – 1990   Oberst May,*
*1990 – 1994   Oberst Ewich,*
*1994 – 1997   Oberst Kaiser,*
*1997 – 2000   Oberst Cords,*
*2000 – 2002   Oberst Loewe*

# Artillerieregiment 1
## Stab und Stabsbatterie

**Aufstellung:**
Die Aufstellung des Stabes und der Stabsbatterie des Artillerieregiments 1 erfolgt am 16. März 1959 durch Umbenennung des Stabes und der Stabsbatterie des Feldartillerieregiments 1. Das Feldartillerieregiment 1 mit Stab und Stabsbatterie wurde am 1. Juli 1956 in Hamburg aufgestellt.

**frühere Benennungen:**
1956 – 1959        Stab Feldartillerieregiment 1,
1959 – 2003        Stab / Stabsbatterie Artillerieregiment 1,

**Standorte:**
1956 – 1958        Hamburg-Rahlstedt,
1958 – 1960        Hannover, Prinz-Albrecht-Kaserne,
1960 – 1993        Hannover, Freiherr-von-Fritsch-Kaserne,
1993 – 2002        Nienburg (Weser), Clausewitz-Kaserne

**Unterstellungen:**
1956 –  1959       1. Grenadierdivision
1959 –  2002       1. Panzergrenadierdivision / 1. Panzerdivision

**Veränderung / Auflösung:**
Der Stab und die Stabsbatterie Artillerieregiment 1 wird ab 1. Oktober 2002 in eine nichtaktive Geräteeinheit umgegliedert und in Stab und Stabsbatterie Artillerieregiment 1 (na) umbenannt. Der Standort bleibt Nienburg (Weser).
Die endgültige Auflösung erfolgt schließlich zum 30. Juni 2009.

# Feldartilleriebataillon 11

**Aufstellung:**
Im März 1959 wird im Rahmen der Einnahme der Heeresstruktur II durch
Umbenennung sowie Umgliederung des III. Bataillons / Feldartillerieregiment 1 das
Feldartilleriebataillon 11 aufgestellt.
Das III. Bataillon / Feldartillerieregiment 1 wird am 1. Juli 1956 aus Teilen des
Bundesgrenzschutzes aufgestellt.

**frühere Benennung:**
1956 – 1959          III. Bataillon / Feldartillerieregiment 1,

**Standorte:**
1956 – 1957          Hamburg-Rahlstedt,
1957 – 1958          Buxtehude, Estetal-Kaserne,
1958 – 1959          Braunschweig, Leutnant-Müller-Kaserne,
1958 – 1993          Hannover, Freiherr-von-Fritsch-Kaserne

**Unterstellungen:**
1956 – 1959          Feldartillerieregiment 1,
1959 – 1993          Artillerieregiment 1

**Auflösung:**
Die Auflösung des Feldartilleriebataillons 11 erfolgt zum 30. September 1993.

# Raketenartilleriebataillon 12

**Aufstellung:**
1959 wird in Eschweiler das schwere Artilleriebataillon 140 aufgestellt, aus dem 1964
durch Umbenennung das Raketenartilleriebataillon 12 hervorgeht.

**frühere Benennung:**
1959 – 1964          schweres Artilleriebataillon 140,

**Standorte:**
1959                 Eschweiler, Lager Donnerberg,
1959 – 2009          Nienburg (Weser), Clausewitz-Kaserne

**Unterstellungen:**
1959 – 1964          Korpsartilleriekommandeur 1 / I. Korps,
1964 – 2002          Artillerieregiment 1,
2002 – 2009          Artillerieregiment 1 (na)

**Veränderung / Auflösung:**
Ab Mitte 2002 erfolgt die Umgliederung in eine nicht aktive Geräteeinheit und die
Umbenennung in Raketenartilleriebataillon 12 (na).
Die endgültige Auflösung erfolgt zum 30. Juni 2009.

Raketenartilleriebataillon 12 beim Schießen mit dem Leichten Artillerie Raketen System (LARS II),
welches Anfang der 1990iger Jahre durch den MARS-Werfer ersetzt wurden
(Fotosammlung Uwe Walter / mit freundlicher Genehmigung Bundeswehr / Fotograf unbekannt)

# Beobachtungsbataillon 13

**Aufstellung:**

Die Aufstellung des Beobachtungsbataillons 13 erfolgt 1980 durch Umbenennung und Umgliederung des Beobachtungsbataillons 1.

Bereits 1972 wurde in Wolfenbüttel aus Teilen des Beobachtungsbataillons 3, des Panzergrenadierbataillons 22 sowie der Beobachtungsbatterie 1 das Beobachtungsbataillon 1 aufgestellt.

**frühere Benennungen:**

| | |
|---|---|
| 1972 – 1980 | Beobachtungsbataillon 1, |
| 1980 – 1993 | Beobachtungsbataillon 13 |

**Standort:**

| | |
|---|---|
| 1972 – 1993 | Wolfenbüttel, Gneisenau-Kaserne |

**Unterstellung:**

| | |
|---|---|
| 1972 – 1993 | Artillerieregiment 1, |

**Auflösung:**

Die Auflösung des Beobachtungsbataillons 13 erfolgt zum 31. März 1993.

Drohne CL 89 der 4. Batterie des Beobachtungsbataillons 13
(Fotosammlung Uwe Walter / Nachlass S. Walter, Kassel)

# Begleitbatterie 1

**Aufstellung:**
Aus der 4. Batterie des Raketenartilleriebataillons 12 wird am 1. April 1987 die Begleitbatterie 1 aufgestellt.

**Standort:**
1987 – 1993          Liebenau, Truppenunterkunft Speyerberg

**Unterstellung:**
1987 – 1993          Artillerieregiment 1

**Auflösung:**
Die Begleitbatterie 1 wurde zum 30. September 1993 aufgelöst.

# Panzergrenadierbrigade 1

Mit Aufstellungsbefehl Nr. 128 (H) vom 14. März 1958 wurde die Aufstellung der Stabskompanie und des Stabes der Kampfgruppe B1 mit Wirkung zum 1. April befohlen. Die Kampfgruppe B1 wurde der 1. Grenadierdivision in Hannover unterstellt. Von der Aufstellung bis zur Auflösung war der Standort Hildesheim.
Die Grenadierbataillone 1 und 21, die beide in Hannover stationiert waren und das Grenadierbataillon 12 aus Höxter, das ab 1961 bis zu seiner Auflösung im Jahre 2003 in Osterode stationiert war, wurden am 1. Juli 1958 aufgestellt. Zudem die Panzeraufklärungskompanie 18.

Mit Einnahme der Heeresstruktur II wurde die Kampfgruppe B1 am 16. März 1959 in Panzergrenadierbrigade 1 mit Wirkung zum 1. April 1959 umbenannt. Zudem gab es folgende Umbenennungen und Neuaufstellungen:

| alte Bezeichnung | neue Bezeichnung ab 1.4.1959 / Datum Neuaufstellung |
| --- | --- |
| Stab / Stabskompanie Kampfgruppe B1 | Stab/Stabskompanie Panzergrenadierbrigade 1 |
| Panzeraufklärungskompanie 18 | Panzeraufklärungskompanie 10, diese wird später als Brigadespähzug in die Stabskompanie der Brigade eingegliedert. |
| Grenadierbataillon 1 | Panzergrenadierbataillon 11 (später 13) |
| Grenadierbataillon 41 (früher 12) | Panzergrenadierbataillon 13 |
| Lehrbataillon HOS I (Grenadierbataillon 21) | Lehrbataillon HOS I (Panzergrenadier-bataillon 21, später Nr. 13) |
| Feldartilleriebataillon 15 | 16. März 1959 in Hildesheim |
| Panzerjägerkompanie 10 | April 1959 in Nienburg-Langendamm, im selben Monat Verlegung nach Stadtoldendorf |
| Panzerbataillon 14 | Juli 1959 in Koblenz, im selben Monat Verlegung nach Stadtoldendorf |
| Versorgungsbataillon 16 | April 1959 in Hildesheim |
| Flugabwehrbatterie 10 | April 1959 in Hannover aus Teilen Flugabwehrbataillon 1, später in dieses wieder eingegliedert. |

Im Mai 1959 findet in der Gallwitz-Kaserne in Hildesheim das erste Gelöbnis der Panzergrenadierbrigade 1 statt. Das Feldartilleriebataillon 15 sowie die Panzeraufklärungskompanie 10 stellen insgesamt einhundertfünfundzwanzig Rekruten. Kurze Zeit später erfolgt noch im selben Monat die offizielle Begrüßung der Soldaten durch den damaligen Hildesheimer Bürgermeister Dr. Lienke in einem feierlichen Appell.

Im Juli 1959 verlegt die Flugabwehrbatterie 10 von Hannover nach Hildesheim und wird später in das Flugabwehrbataillon 1 eingegliedert.

Die Panzergrenadierbrigade 1 übte erstmals im Herbst 1959 mit allen ihren unterstellten Verbänden und Einheiten komplett auf den Truppenübungsplätzen in Bergen und Munster.


Im Bundeswehrstandort Hildesheim wird am 11. Juni 1960 durch das Versorgungsbataillon 16 der erste „Tag der offenen Tür" durchgeführt, zu dem mehr als zehntausend Menschen die Hildesheimer Kasernentoren passieren.

Weitere Umgliederungen und Verlegungen innerhalb der Panzergrenadierbrigade 1 kennzeichnen das Jahr 1961:
Im März verlegt das Panzergrenadierbataillon 12 von Höxter nach Osterrode im Harz. Im selben Monat ergeht der Befehl zur Aufstellung der noch fehlenden Panzerpionierkompanie 10 zum 1. April 1961 in Holzminden aus Teilen des Pionierbataillons 1.
Das Panzergrenadierbataillon 21, das bis zu diesem Zeitpunkt truppendienstlich der Heeresoffiziersschule I in Hannover unterstand, wechselte bereits am 1. Mai 1960 als Panzergrenadierbataillon 13 unter das Kommando der Panzergrenadierbrigade 1 und verlegte im November 1961 nach Northeim. Dieses Bataillon schied mit Einnahme der Heeresstruktur IV im Jahre 1980 aus dem Verbund der Brigade aus, wurde dem Heimatschutzkommando 14 unterstellt und dort in das Jägerbataillon 521 umgegliedert.

Auch die Soldaten der Hildesheimer Brigade sind im Februar 1962 bei der Bekämpfung der Flutkatastrophe in Norddeutschland und Hamburg im Einsatz.
Auf dem englischen Truppenübungsplatz CASTLE MARTIN in Wales, ist im Juni und Juli 1962 das Panzerbataillon 14 zu Gast, wo Schießausbildung auf dem Ausbildungsprogramm stehen.
Zudem verlegen im Oktober 1962 das Panzerbataillon 14 und die Panzerjägerkompanie 10 von Stadtoldendorf, das neuer Standort des Feldartilleriebataillons 15 wird, nach Hildesheim.
Die Panzerpionierkompanie 10 sowie das Panzergrenadierbataillon 11 sind die ersten Verbände der Panzergrenadierbrigade 1, die in Frankreich üben. Sie verlegen im September 1962 auf den Truppenübungsplatz Sissone.
Zum Jahresende wird schließlich die Panzeraufklärungskompanie 10, aus deren Teilen der Brigadespähzug 10 neu aufgestellt wurde, aufgelöst.

Bereits im Dezember 1962 nehmen mit dem Panzerbataillon 14 Teile der Hildesheimer Brigade an der Feldparade der 1. Panzergrenadierdivision auf dem Truppenübungsplatz Bergen zur ersten Verabschiedung des ein Jahr später aus dem Amt scheidenden ersten Bundeskanzler der Bundesrepublik Deutschland Dr. Konrad Adenauer teil.

Zum ersten Mal seit dem Ende des zweiten Weltkriegs findet am 21. August 1964 ein öffentliches Gelöbnis von Rekruten der Panzergrenadierbrigade 1 auf dem Hildesheimer Marktplatz statt. Anschließend wird der „Große Zapfenstreich" aufgeführt.
Eine weitere öffentliche Vereidigung von jungen Soldaten findet genau vier Jahre und vier Monate später satt, bei der eisige Temperaturen herrschen, dass sogar Heizstrahler aufgestellt werden müssen, da sonst die Instrumente des Heeresmusikkorps 1 eingefroren wären.

Mit mehr als tausend Radfahrzeugen, mehr als hundert Kettenfahrzeugen sowie rund dreieinhalbtausend Soldaten, die auf zweiundzwanzig Eisenbahnzüge verladen werden, verlegt im Juli und August 1966 die Panzergrenadierbrigade 1 für knapp vier Wochen auf den französischen Truppenübungsplatz La Cortine.

Für die Panzergrenadierbrigade 1 bedeutet die Einnahme der Heeresstruktur III ab dem Jahr 1970 keine großen Veränderungen. Lediglich das Versorgungsbataillon der Brigade wird im September 1972 aufgelöst, aus dem als selbstständige Brigadeeinheiten die Instandsetzungs- sowie die Nachschubkompanie 10 aufgestellt werden.

Mit mehr als fünfundzwanzigtausend Besuchern wird der erste "Hildesheimer Soldatentag" gefeiert, der in den nächsten Jahren alle zwei bis drei Jahre durchgeführt werden sollte. In allen Hildesheimer Kasernen öffneten sich die Tore für die Hildesheimer Bevölkerung.

Die Soldaten der Panzergrenadierbrigade 1 sind im August 1975 bei der Bekämpfung von schweren Waldbränden in der Lüneburger Heide im Katastropheneinsatz. Im Herbst desselben Jahres verlegt die Brigade erstmals für sechs Wochen auf den kanadischen Truppenübungsplatz SHILO.

Mitte der 1970iger Jahre gliederte sich die Panzergrenadierbrigade 1 in:

- Stab und Stabskompanie Panzergrenadierbrigade 1 in Hildesheim,
- Instandsetzungskompanie 10 in Hildesheim,
- Nachschubkompanie 10 in Hildesheim,
- Panzerjägerkompanie 10 in Hildesheim,
- Panzerpionierkompanie 10 in Holzminden,
- Panzergrenadierbataillon 11 in Hannover, ab 1974 in Wesendorf,
- Panzergrenadierbataillon 12 in Osterode,
- Panzergrenadierbataillon 13 in Northeim,
- Panzerbataillon 14 in Hildesheim,
- Panzerartilleriebataillon 15 in Stadtoldendorf

Während zum Jahreswechsel 1978 / 1979 der gesamte norddeutsche Raum von einer verheerenden Schneekatastrophe heimgesucht wird, werden auch die Soldaten der Panzergrenadierbrigade 1 alarmiert und müssen den Jahreswechsel in den Kasernen verbringen. Nachdem die Soldaten der Panzergrenadierbrigade 1 alarmiert worden sind, ist die Brigade mit Berge- und Pionierpanzern sowie schwerem Gerät im Katastropheneinsatz, wo sie eingeschneite Menschen und Ortschaften, die von der Außenwelt abgeschnitten sind, von den Schneemassen befreien.

Mit einem großen Festprogramm feiert die Panzergrenadierbrigade 1 im Juni 1979 ihren zwanzigsten Geburtstag.
Mit einer Feldparade durch die Hildesheimer Innenstadt vor mehr als zwanzigtausend Zuschauern – bei der fünfzig Kampfpanzer Leopard über die Kaiserstraße „donnern“ sowie zwölf britischen Heeresfliegern, die diese Straße im Überflug nehmen –  und der Aufführung des „Großen Zapfenstreichs“ auf dem Hildesheimer Marktplatz wird das Ereignis gebührend gefeiert.

Die Heeresstruktur IV wird zum 1. April 1981 eingenommen. Vorher waren jedoch einige Umgliederungen, Neuaufstellungen und Auflösungen notwendig, um diese neue Heeresstruktur auch tatsächlich einnehmen zu können.
Wie bereits oben beschrieben, schied das Panzergrenadierbataillon 13 in Northeim aus dem Brigadeverbund aus, wurde der Heimatschutzbrigade 52 und damit dem Territorialheer unterstellt.
Das Panzergrenadierbataillon 11 (alt) wurde in einem Bataillonsappell in Osterode am 1. Oktober 1980 in „Panzergrenadierbataillon 13“ umbenannt.
In Hildesheim wurde aus Personalabgaben der Panzergrenadierbataillone 12 und 13 sowie des Panzerbataillons 14 das gemischte Panzergrenadierbataillon 11 (neu), mit zwei Panzergrenadierkompanien und einer Panzerkompanie, aufgestellt, deren Stabs- und Versorgungskompanie als nicht aktive Geräteeinheit gekadert war. Die Panzergrenadierkompanien waren den Panzergrenadierbataillonen 12 und 13 als jeweils fünfte Kompanie und die Panzerkompanie als fünfte Kompanie dem Panzerbataillon 14 unterstellt.

In der Heeresstruktur IV gliederte sich die Panzergrenadierbrigade 1 in:

- Stab und Stabskompanie Panzergrenadierbrigade 1 in Hildesheim,
- Instandsetzungskompanie 10 in Hildesheim,
- Nachschubkompanie 10 in Hildesheim,
- Panzerjägerkompanie 10 in Hildesheim,
- Panzerpionierkompanie 10 in Holzminden,
- gemischtes Panzergrenadierbataillon 11 in Hildesheim
- Panzergrenadierbataillon 12 in Osterode,
- Panzergrenadierbataillon 13 in Wesendorf,
- Panzerbataillon 14 in Hildesheim,
- Panzerartilleriebataillon 15 in Stadtoldendorf

In einer großen Jubiläumsfeier wird im Mai 1984 das 25-jährige Bestehen des Bundeswehrstandortes Hildesheim und des Panzerbataillons 14 gefeiert.
Neben einem Empfang der Stadt Hildesheim, einem „Tag der offenen Tür" in den Hildesheimer Kasernen sowie einem Ökumenischen Festgottesdienst wird vor mehr als 50.000 Besuchern auf dem Marktplatz in Hildesheim der „Große Zapfenstreich" aufgeführt. Während den Feierlichkeiten gibt es zudem eine Feldparade des Panzerbataillons 14 auf der Hildesheimer Kaiserstraße.

Im September 1985 findet in Niedersachsen die vorletzte große Heeresübung des ersten Korps statt und die Panzergrenadierbrigade 1 nimmt in Volltruppenstärke an/den „Trutzige(n) Sachsen" als Übungstruppe „Blau" teil.

In Anwesenheit des damaligen Bundesaußenministers Hans-Dietrich Genscher, dem späteren Architekten der deutschen Einheit, findet am 14. März 1986 auf dem Hildesheimer Marktplatz ein feierliches Gelöbnis der Rekruten der Brigade statt.

Im Herbst 1989 fällt die Berliner Mauer und auch in den Hildesheimer Kasernen werden Unterkünfte für Flüchtlinge aus der ehemaligen DDR bereitgestellt.
Knapp ein Jahr später, werden rund einhundertzwanzig Rekruten aus Ostdeutschland in Osterode beim Panzergrenadierbataillon 12 zum Grundwehrdienst einberufen.
Gleichzeitig gehen Ausbildungsgruppen des Panzergrenadierbataillons 13 aus Wesendorf nach Brandenburg an der Havel, um bei der Aufstellung des Panzergrenadierbataillons 421 behilflich zu sein. Zu diesem Zeitpunkt konnte niemand erahnen, dass die Brandenburger Panzergrenadiere – ab 2003 bis zur Auflösung im Jahr 2006 – einmal ein Truppenverband der Panzergrenadierbrigade 1 werden sollte.

Bereits ein Jahr später hinterlassen die Einnahme der Heeresstruktur V „Kaderung und schneller Aufwuchs" in der Panzergrenadierbrigade 1 erste Spuren:
Das in Wesendorf stationierte Panzergrenadierbataillon 13 wechselt im Unterstellungsverhältnis zur Panzerbrigade 33 in Celle und am 31. März 1992 erfolgt die Auflösung der Panzerjägerkompanie 10.
Das gemischte Panzergrenadierbataillon 11 sowie das Panzerbataillon 14 werden bis zum 30. September 1992 außer Dienst gestellt und aufgelöst.
Von der Panzerbrigade 2, die sich in ihrer Auflösungsphase befindet, werden mit Wirkung vom 1. Oktober 1992 die Panzerjägerkompanie 20 sowie das Panzerbataillon 24 der Panzergrenadierbrigade 1 unterstellt.
Die Instandsetzungskompanie 10 sowie die Nachschubkompanie 10 werden bis zum 31. März 1994 aufgelöst.


Zum 12. Dezember 1994 fusionierten die Panzergrenadierbrigade 1 und das Verteidigungsbezirkskommando 22.

In der Heeresstruktur V „Kaderung und schneller Aufwuchs" gliederte sich das Verteidigungsbezirkskommando 22 / Panzergrenadierbrigade 1 in:

* Stab und Stabskompanie VBK 22 / Panzergrenadierbrigade 1 in Hildesheim,
* Panzergrenadierbataillon 12 in Osterrode, als nicht aktive Geräteeinheit das Panzergrenadierbataillon 22 (GE),
* Panzerbataillon 24 in Braunschweig, als nicht aktive Geräteeinheit Panzerbataillon 23 (GE),
* Panzerartilleriebataillon 15 in Stadtoldendorf,
* Panzerjägerkompanie 20 in Braunschweig,
* Panzerpionierkompanie 10 in Holzminden

### *Die Kommandeure der Panzergrenadierbrigade 1:*

| | | |
|---|---|---|
| 04/1958 – 05/1960 | Oberst | Hans-Heinz Fischer, |
| 06/1960 – 09/1962 | Brigadegeneral | Hans-Georg von Tempelhoff, |
| 10/1962 – 10/1963 | Brigadegeneral | Helmut von Hinckelday, |
| 10/1963 – 10/1966 | Brigadegeneral | Eike Middeldorf, |
| 10/1966 – 12/1969 | Brigadegeneral | Carl-Gero von Ilsemann, |
| 01/1970 – 03/1973 | Brigadegeneral | Hans Poeppel, |
| 04/1973 – 09/1977 | Oberst | Walter Hoffmann, |
| 10/1977 – 03/1982 | Brigadegeneral | Detlef Ahrens, |
| 03/1982 – 03/1984 | Oberst | Johann-Adolf Graf von Kielmannsegg, |
| 04/1984 – 09/1987 | Oberst | Istvan Csoboth, |
| 10/1987 – 12/1989 | Oberst | Hans-Theodor Dingler, |
| 12/1989 – 09/1991 | Oberst | Manfred Dietrich, |
| 10/1991 – 12/1994 | Brigadegeneral | Jürgen Ruwe, |
| 01/1995 – 03/1999 | Brigadegeneral | Dr. Dirk Oetting, |

**Eingang zur Mackensen-Kaserne in Hildesheim**
**(Fotosammlung Uwe Walter / mit freundlicher Genehmigung Bundeswehr / Fotograf unbekannt)**

# Panzergrenadierbrigade 1
## Stab / Stabskompanie

**Aufstellung:**
Am 1. April 1958 wird in Hildesheim die Stabskompanie und der Stab der Kampfgruppe B 1 aufgestellt, die am 16. März 1959 in den Stab und die Stabskompanie Panzergrenadierbrigade 1 umbenannt wird.
**Standort:**
1958 – 2007        Hildesheim, Mackensen-Kaserne
**Unterstellungen:**
1958 – 1959        1. Grenadierdivision,
1959 – 2007        1. Panzergrenadierdivision / 1. Panzerdivision
**Auflösung:**
Der Stab und die Stabskompanie der Panzergrenadierbrigade 1 werden im Rahmen der Transformation der Bundeswehr zum 31. Dezember 2007 aufgelöst und der Bundeswehrstandort Hildesheim geschlossen.

# Instandsetzungskompanie 10

**Aufstellung:**
Die Instandsetzungskompanie 10 wird am 1. Oktober 1972 aufgestellt.
**Standort:**
1972 – 1994        Hildesheim, Ledebur-Kaserne
**Unterstellung:**
1972 – 1994        Panzergrenadierbrigade 1
**Auflösung:**
Die Instandsetzungskompanie 10 wird zum 31. März 1994 aufgelöst.

# Nachschubkompanie 10

**Aufstellung:**
Die Nachschubkompanie 10 wird am 1. Oktober 1972 aufgestellt.
**Standort:**
1972 – 1994        Hildesheim, Ledebur-Kaserne
**Unterstellung:**
1972 – 1994        Panzergrenadierbrigade 1
**Auflösung:**
Die Nachschubkompanie 10 wird zum 31. März 1994 aufgelöst.

# Panzerjägerkompanie 10

**Aufstellung:**
Die Panzerjägerkompanie 10 wird am 1. April 1959 in Nienburg-Langendamm aufgestellt.

**Standorte:**
| | |
|---|---|
| 1959 | Nienburg-Langendamm, |
| 1959 – 1962 | Stadtoldendorf, |
| 1962 – 1971 | Hildesheim, Gallwitz-Kaserne, |
| 1971 – 1992 | Hildesheim, Ledebur-Kaserne |

**Unterstellung:**
| | |
|---|---|
| 1959 – 1992 | Panzergrenadierbrigade 1 |

**Auflösung:**
Die Panzerjägerkompanie 10 wird zum 31. März 1992 aufgelöst.

Raketenjagdpanzer Jaguar 1 der Panzerjägerkompanie 10
(Fotosammlung Uwe Walter / mit freundlicher Genehmigung Herr Major a. D. Seigler)

# Panzerpionierkompanie 10

**Aufstellung:**
Die Panzerpionierkompanie 10 wird am 1. April 1961 in Holzminden aus Teilen des Pionierbataillons 1 aufgestellt.

**Standort:**
| | |
|---|---|
| 1961 – 2002 | Holzminden, Medem-Kaserne |

**Unterstellung:**
| | |
|---|---|
| 1961 – 2002 | Panzergrenadierbrigade 1 |

**Auflösung:**
Die Panzerpionierkompanie 10 wird zum 30. Juni 2002 aufgelöst.

Panzerschnellbrücke BIBER, der auch in der Panzerpionierkompanie 10 zu finden war, beim Auslegen seiner Brücke
(Fotograf: Uwe Walter)

# Panzergrenadierbataillon 11

**Aufstellung:**
Das teilaktive Panzergrenadierbataillon 11 wird am 1. April 1981 in Hildesheim, Ledebur-Kaserne, aus Teilen der Panzergrenadierbataillone 12 und 13 sowie dem Panzerbataillon 14 aufgestellt.
Die 2./11 und die 3./11 waren den Panzergrenadierbataillonen 12 und 13, die 4./11 dem Panzerbataillon 14 unterstellt.
Der Stab und die Stabskompanie war eine gekaderte Geräteeinheit.
**Standort:**
1981 – 1992          Hildesheim, Ledebur-Kaserne
**Unterstellung:**
1981 – 1992          Panzergrenadierbrigade 1
**Auflösung:**
Die Auflösung des Panzergrenadierbataillons 11 erfolgte zum 30. September 1992.

# Panzergrenadierbataillon 12 

**Aufstellung:**
Am 16. März 1959 wird in Höxter durch Umbenennung des Grenadierbataillons 41
das Panzergrenadierbataillon 12 aufgestellt.
Das Grenadierbataillon 41 ging 1958 – ebenfalls durch Umbenennung – des
Grenadierbataillons 12, das am 1. Juli 1956 aus Teilen der Grenzschutzabteilung III
aufgestellt wurde, hervor.

**frühere Benennungen:**
| | |
|---|---|
| 1956 – 1958 | Grenadierbataillon 12, |
| 1958 – 1959 | Panzergrenadierbataillon 41, |
| 1959 – 2003 | Panzergrenadierbataillon 12 |

**Standorte:**
| | |
|---|---|
| 1956 – 1961 | Höxter, |
| 1961 – 2003 | Osterrode, Rommel-Kaserne |

**Unterstellungen:**
| | |
|---|---|
| 1956 – 1958 | 1. Grenadierdivision, |
| 1958 – 1959 | Kampfgruppe B1, |
| 1959 – 2003 | Panzergrenadierbrigade 1 |

**Auflösung:**
Zum 30. September 2003 erfolgt die Auflösung des Panzergrenadierbataillons 12.


# Panzergrenadierbataillon 13

**Aufstellung:**
Am 1. Oktober 1980 wird in Wesendorf durch Umbenennung/Umgliederung des
Panzergrenadierbataillons 11 das Panzergrenadierbataillon 13 aufgestellt.

**frühere Benennungen:**
| | |
|---|---|
| 1956 – 1959 | Grenadierbataillon 1, |
| 1959 – 1980 | Panzergrenadierbataillon 11, |
| 1980 – 2003 | Panzergrenadierbataillon 12 |

**Standorte:**
| | |
|---|---|
| 1956 | Braunschweig, |
| 1956 – 1974 | Hannover, |
| 1974 – 1992 | Wesendorf, Hammerstein-Kaserne |

**Unterstellungen:**
| | |
|---|---|
| 1956 – 1959 | 1. Grenadierdivision, |
| 1959 – 1991 | Panzergrenadierbrigade 1, |
| 1991 – 1994 | Panzerbrigade 33 |

**Auflösung:**
Zum 30. September 1994 erfolgt die Auflösung des Panzergrenadierbataillons 13.

# Panzerbataillon 14

**Aufstellung:**
Am 1. Juli 1959 wird in Koblenz, Boelcke-Kaserne, das Panzerbataillon 14 durch Teilung des Panzerbataillons 153 aufgestellt.
**Standorte:**
| | |
|---|---|
| 1959 | Koblenz, Boelcke-Kaserne, |
| 1959 – 1962 | Stadtoldendorf, |
| 1962 – 1992 | Hildesheim, Gallwitz-Kaserne |

**Unterstellungen:**
| | |
|---|---|
| 1959 – 1992 | Panzergrenadierbrigade 1, |

**Auflösung:**
Zum 30. September 1992 erfolgt die Auflösung des Panzerbataillons 14.

**1990: Panzerzug mit Kampfpanzer Leopard 1 auf dem Marsch**
**(Fotosammlung Uwe Walter / mit freundlicher Genehmigung PzBtl 14)**

# Panzerartilleriebataillon 15

**Aufstellung:**
In Hildesheim wird 1959 das Feldartilleriebataillon 15 aufgestellt, aus dem 1967 durch Umbenennung und Umgliederung das Panzerartilleriebataillon 15 entsteht.

**frühere Benennungen:**
1959 – 1967           Feldartilleriebataillon 15,
1967 – 2003           Panzerartilleriebataillon 15

**Standorte:**
1959 – 1962           Hildesheim, Gallwitz-Kaserne,
1962 – 2003           Stadtoldendorf, Yorck-Kaserne

**Unterstellungen:**
1959 – 2003           Panzergrenadierbrigade 1

**Veränderung / Auflösung:**
Zum 31. Dezember 2003 erfolgt das Ende als aktiver Bundeswehrverband.

Bis zum Januar 2004 erfolgt die Umgliederung in eine nicht aktive Geräteeinheit, die am Standort Lehnitz Stamm- und Aufwuchsbeziehungen zum dortigen Panzerartilleriebataillon 425 aufnimmt.

Mit Auflösung des Panzerartilleriebataillons 425 erfolgt 2006 für die Geräteeinheit die Verlegung nach Munster, wo Stamm- und Aufwuchsbeziehungen zum dortigen Panzerartillerielehrbataillon 325 entstehen.

Die endgültige Auflösung erfolgt zum 30. Juni 2009.

**Panzerhaubitze M-109 A3 G 155mm auf dem Weg zum Standortübungsplatz**
**(Fotosammlung Uwe Walter / mit freundlicher Genehmigung Fotoarchiv C. Heide)**

**Standortübungsplatz Hildesheim-Osterberg:**
alle aktiven Bataillone und selbstständige Brigadeeinheiten vereint zum Abschlussbild nach einer Brigadeübung
(Fotosammlung Uwe Walter / mit freundlicher Genehmigung Herr Hauptmann a. D. Harke)

**Kampfpanzer Leopard 1, des Panzerbataillons 14 während einer Manöverpause**
(Fotosammlung Uwe Walter / Nachlass S. Walter, Kassel)

# Panzerbrigade 2

Die Panzerbrigade 2, die mit alle ihren Einheiten und Verbänden in der Heeresstruktur IV in Brauschweig stationiert war, konnte auf eine fast 37-jährige Erfolgsgeschichte zurück schauen.

Als der damalige Bundeskanzler Dr. Konrad Adenauer am 20. Januar 1956 in Andernach den „Andernacher Appell" durchführte, liefen bereits im Amt Blank erste Planungen zur Aufstellung der Kampfgruppe A1, aus der die spätere Panzerbrigade 2 hervorgehen sollte.

Die Kampfgruppe A1 wurde am 1. Juli 1956 in der Scharnhorst-Kaserne in Hannover-Bothfeld auf- sowie der 1. Grenadierdivision aus Hannover unterstellt und nahm Ende dieses Jahres ihre erste Gliederung ein:

- Stab und Stabskompanie Kampfgruppe A1,
- Grenadierbataillon 1, das später das Panzergrenadierbataillon 13 wurde,
- Grenadierbataillon 21

In dieser Gliederung führte die noch junge Kampfgruppe die ersten Truppenübungsplatzaufenthalte in Putlos und Munster durch.

In die Scharnhorst-Kaserne in Hannover-Bothfeld wurden zum 1. April 1957 die ersten fünfhundertsechzig Wehrpflichtigen eingezogen, von den rund zweihundertachtzig für die Kampfgruppe A1 vorgesehen waren. Diese Wehrpflichtigen wurden am 19. Mai im Eilenriede-Stadion in Hannover vereidigt. Es war das erste öffentliche Gelöbnis von Soldaten in Hannover seit dem Ende des zweiten Weltkrieges.

Aus Teilen sowie durch Personalabgaben der Grenadierbataillone 12 (Höxter) und 32 (Wolfenbüttel) wird am 1. Juli 1957 das Grenadierbataillon 41, das später als Panzergrenadierbataillon 43 in Göttingen stationiert werden sollte, in Dedelstorf aufgestellt.

Als Übungstruppe „Blau" nimmt die Kampfgruppe A1 an der ersten Großverbandsübung der 1. Grenadierdivision im Herbst 1957 teil und es laufen im Bundesverteidigungsministerium die Planungen zur Aufstellung des Grenadierbataillons 61, für das als Standort die Heinrich-der-Löwe-Kaserne in Braunschweig vorgesehen war.

Im April 1958 wird die Kampfgruppe A1 umgegliedert:
Das Grenadierbataillon 41 verlegt nach Göttingen und wird der zweiten Grenadierdivision aus Kassel unterstellt. Das Panzerbataillon 1 sowie die Grenadierbataillone 11 und 32 werden der Kampfgruppe A1 unterstellt.

Im Frühjahr 1958 gliederte sich die Kampfgruppe A1 in:

* Stab und Stabskompanie Kampfgruppe A1 in Hannover-Bothfeld,
* Grenadierbataillon 1 in Hannover,
* Grenadierbataillon 11 in Wolfenbüttel,
* Grenadierbataillon 21 in Hannover,
* Grenadierbataillon 61 in Braunschweig,
* Panzerbataillon 1 in Augustdorf

Gleichzeitig laufen die Planungen zur Neuausrichtung des deutschen Heeres in der Heeresstruktur II. Die Planungen sahen vor, dass die Grenadierbrigaden zwei Grenadierbataillone, ein Panzergrenadierbataillon sowie ein Panzerbataillon erhalten sollen. Für die Panzerbrigaden war neben zwei Panzerbataillonen ein Panzergrenadierbataillon vorgesehen.
Zudem war vorgesehen, dass die Brigaden neben einem Artillerie- und einem Versorgungsbataillon als selbstständige Brigadeeinheiten je eine Panzeraufklärungskompanie, Panzerpionierkompanie sowie Panzerjägerkompanie erhalten sollten.

Die Lehr- und Versuchsübung findet im Herbst 1958 auf dem Truppenübungsplatz Bergen-Hohne statt. Bei dieser Übung wird die o. g. Brigadegliederung erprobt. Neben hochrangigen Militärs, wie den Generälen Heusinger oder Dr. Speidel, sind auch Bundeskanzler Dr. Konrad Adenauer sowie der damalige Bundesverteidigungsminister Franz-Josef Strauß bei dieser Übung in Bergen-Hohne Zuschauer.

Nach der Lehr- und Versuchsübung wird am 1. Oktober 1958 in der Scharnhorst-Kaserne von Hannover das Grenadierbataillon 31 aus Personalabgaben der Grenadierbataillone 11 und 61 aufgestellt. Aus dem Panzergrenadierbataillon 31 sollte später das Panzergrenadierbataillon 312 in Delmenhorst hervorgehen.

Mit Wirkung vom 1. April 1959 wird am 16. März die Kampfgruppe A1 in die „Panzergrenadierbrigade 2" umbenannt und nach Braunschweig in die Heinrich-der-Löwe-Kaserne verlegt. Sie bleibt der ersten Grenadierdivision, die jetzt 1. Panzergrenadierdivision hieß, unterstellt.
Die Infanterieverbände werden in Panzergrenadierbataillone umbenannt und sind anfangs mit Radfahrzeugen ausgestattet. Es fehlt noch das Panzerbataillon, das Ende 1960 der Brigade unterstellt und vorher neu aufgestellt wurde.

Neu aufgestellt werden am Standort Braunschweig die Panzerpionierkompanie 20, die Panzeraufklärungskompanie 20, die Brigadeflugabwehrbatterie 20, das Versorgungsbataillon 26 sowie das Feldartilleriebataillon 25.

Aufgestellt wird zudem die Panzerjägerkompanie 20, mit dem Lehrauftrag ausgestattet und der Panzertruppenschule in Munster im Frieden truppendienstlich unterstellt.
Die Panzergrenadierbrigade 2 nahm am 1. August 1959 folgende Gliederung ein:

- Stab und Stabskompanie Panzergrenadierbrigade 2 in Braunschweig,
- Panzerpionierkompanie 20 in Braunschweig,
- Panzeraufklärungskompanie 20 in Braunschweig, wird 1962 aufgelöst und als Brigadespähzug in die Stabskompanie eingegliedert,
- Brigadeflugabwehrbatterie 20 in Wolfenbüttel, wird später in das Flugabwehrbataillon 1 eingegliedert,
- Panzerjägerlehrkompanie 20 in Munster, ist der Panzertruppenschule im Frieden sowie zu Übungszwecken der Brigade unterstellt und scheidet später aus der Panzergrenadierbrigade 2 aus,
- Panzergrenadierbataillon 21 in Hannover,
- Panzergrenadierbataillon 22 in Wolfenbüttel,
- Panzergrenadierbataillon 23 in Braunschweig,
- Panzergrenadierbataillon 312 in Dedelstorf, wird später der in Aufstellung befindlichen 11. Panzergrenadierdivision unterstellt,
- Feldartilleriebataillon 25 in Braunschweig,
- Versorgungsbataillon 26 in Braunschweig

Das Panzergrenadierbataillon 21 scheidet am 1. Mai 1960 aus dem Unterstellungsverhältnis zur Panzergrenadierbrigade 2 aus und wird als Panzergrenadierbataillon 13 der Panzergrenadierbrigade 1 in Hildesheim unterstellt. Zum selben Zeitpunkt wird das Lehrbataillon der Heeresoffiziersschule I in Hannover der Panzergrenadierbrigade 2 unterstellt und in „Panzergrenadierlehrbataillon 21" umbenannt. Das noch fehlende Panzerbataillon 24 wird im Juli in Dedelstorf aufgestellt und verlegt im September, direkt vom Truppenübungsplatz Sennelager kommend, nach Braunschweig.
Im Oktober 1960 üben Teile der Panzergrenadierbrigade 2 auf dem französischen Truppenübungsplatz Sissone.

Am 1. August 1963 ist der damalige Bundesverteidigungsminister Kai-Uwe von Hassel, sein amerikanischer Amtskollege Robert Mc Namara sowie der damalige Generalinspekteur der Bundeswehr General Friedrich Foertsch zu Gast in Braunschweig und können sich persönlich von der Leistungsfähigkeit der Soldaten der Panzergrenadierbrigade 2 überzeugen.

Mit großem Interesse der Braunschweiger Bevölkerung wird am 4. September 1964 das erste öffentliche Gelöbnis, das erste auch seit Ende des zweiten Weltkrieges, von jungen Rekruten der Panzergrenadierbrigade 2 auf dem Franzen-Feld durchgeführt. Mit Einsetzen der Abenddämmerung wird zudem der „große Zapfenstreich" aufgeführt.

Ab Mitte der sechziger Jahre werden auch die Verbände und Einheiten der Braunschweiger Brigade mit neuem Großgerät ausgestattet. Neben dem Schützenpanzer HS-30 und dem Kampfpanzer LEOPARD 1 laufen auch die Panzerhaubitze PzH M109 sowie der Kanonenjagdpanzer 90mm zu. Die Kanonenjagdpanzer ersetzen die bisherigen Kampfpanzer M41.

Nachdem am 1. Mai 1967 die Panzerjägerkompanie 20 in der Rosalies-Kaserne neu aufgestellt wurde, gliederte sich Mitte des Jahres 1967 die Panzergrenadierbrigade 2 in:

- Stab und Stabskompanie Panzergrenadierbrigade 2,
- ABC-Abwehrkompanie 20 (Mitte 1963 aufgestellt),
- Panzerpionierkompanie 20,
- Panzerjägerkompanie 20,
- Panzergrenadierlehrbataillon 21,
- Panzergrenadierbataillon 22,
- Panzergrenadierbataillon 23,
- Panzerbataillon 24,
- Panzerartilleriebataillon 25,
- Versorgungsbataillon 26

In der Heinrich-der-Löwe-Kaserne findet am 23. April 1968 ein „Tag der offenen Tür" statt, zudem mehr als sechstausend Menschen kommen. Drei Jahre später sind es bereits über zwölftausend Menschen.

Das Panzergrenadierbataillon 22 in Wolfenbüttel sowie das Versorgungsbataillon 26 werden bis zum 30. September 1972 aufgelöst. Zudem scheidet die ABC-Abwehrkompanie 20 aus dem Unterstellungsverhältnis aus. Aus Teilen des Versorgungsbataillons 26 werden die Nachschubkompanie 20 sowie die Instandsetzungskompanie 20 als selbstständige Brigadeeinheiten neu aufgestellt.

Das Panzergrenadierlehrbataillon 21 verlegt im Jahr 1973 von Hannover nach Wesendorf, verliert den „Lehrauftrag" und wird der Panzergrenadierbrigade 2 endgültig unterstellt.
Am 1. Oktober 1973 gliederte sich die Panzergrenadierbrigade 2 in:

- Stab und Stabskompanie Panzergrenadierbrigade 2,
- Instandsetzungskompanie 20,
- Nachschubkompanie 20,
- Panzerjägerkompanie 20,
- Panzerpionierkompanie 20,
- Panzergrenadierbataillon 21,
- Panzergrenadierbataillon 22,
- Panzergrenadierbataillon 23,
- Panzerbataillon 24,
- Panzerartilleriebataillon 25

Bei der großen Brandkatastrophe in der Lüneburger Heide, bei der rund achttausend Hektar Wald vernichtet wurden, werden auch die Soldaten der Panzergrenadierbrigade 2 als Helfer eingesetzt. Mit Berge- und Pionierpanzern fuhren die Soldaten Schneisen in die Brandflächen und versuchten so die Heidebrände einzudämmen.

Das Jahr 1976 steht für die Panzergrenadierbrigade 2 ganz im Zeichen der Umgliederung in eine Modellbrigade zur Erprobung der Heeresstruktur IV.

Das Panzergrenadierbataillon 21 in Wesendorf wird der Panzerbrigade 33 unterstellt und in Panzergrenadierbataillon 332 umbenannt.
Neuaufgestellt wird das Panzerbataillon 23, da die „Modellbrigade 2a" als Panzerbrigade der Heeresstruktur IV erprobt wird.

Als „Modellbrigade 2a" gliederte sich die Panzergrenadierbrigade 2 in:

- Stab und Stabskompanie Panzergrenadierbrigade 2,
- Instandsetzungskompanie 20,
- Nachschubkompanie 20
- Panzerjägerkompanie 20,
- Panzerpionierkompanie 20,
- Panzergrenadierbataillone 22 und 23,
- Panzerbataillone 23 und 24,
- Panzerartilleriebataillon 25

In dieser Gliederung erfolgte vom 1. Juli 1976 bis 30. Juni 1977 die Erprobung der Heeresstruktur IV, die dann auch offiziell am 1. April 1981 eingenommen wurde, als die Umbenennung in „Panzerbrigade 2" erfolgte. Gleichzeitig wird das Panzergrenadierbataillon 22 aufgelöst und das teil aktive Panzerbataillon 21 neu aufgestellt. Es wurde aus Personalabgaben der Panzerbataillone 23 und 24 sowie dem Panzergrenadierbataillon 23 aufgestellt.
Das Panzergrenadierbataillon 23 wird in „Panzergrenadierbataillon 22" umbenannt.

Im Sommer 1986 feierte die Panzerbrigade 2 ihren dreißigsten Geburtstag. Zu diesem Zeitpunkt konnte noch niemand ahnen, dass dieses der letzte runde Geburtstag der Braunschweiger Panzerbrigade sein und den vierzigsten nicht mehr erleben sollte. Die Jubiläumsfeierlichkeiten waren ein einmaliges Fest, wie Zeitzeugen zu berichten wissen und neben einem feierlichen öffentlichen Gelöbnis der Rekruten in der Heinrich-der-Löwe-Kaserne sowie einem Festgottesdienst im Braunschweiger Dom wurde durch das Panzerartilleriebataillon 25 in seinem Standort Leutnant-Müller-Kaserne ein „Tag der offenen Tür" durchgeführt.

Als im Mai 1989 in den „eisernen Vorhang" die ersten Risse kamen und durch die damalige kommunistische Volksrepublik Ungarn die Grenzen nach Westen – mit dem Paneuropäischen Picknick – öffnete, konnte niemand ahnen, dass dieses die größte Fluchtwelle von DDR-Bürgern seit Ende des zweiten Weltkrieges zur Folge haben sollte und auch die nahe Grenzstadt Braunschweig in den Kasernenanlagen der Bundeswehr Flüchtlingsunterkünfte einrichtete. Am Ende fiel am 9. November 1989 die „Berliner Mauer" und knapp ein Jahr später war das geteilte Deutschland wiedervereint. Diese Wiedervereinigung hatte auch zur Folge, dass die Verbände der Nationalen-Volksarmee über Nacht zu Bundeswehreinheiten wurden.

Auch Soldaten der Panzerbrigade 2 waren nach dem 3. Oktober 1990 in den Verbänden der ehemaligen Nationalen-Volksarmee tätig und halfen beim Übergang in die Strukturen der Bundeswehr.

In der Heeresstruktur IV (1980 / 1981 – 1993) gliederte sich die Panzerbrigade 2 in:

- Stab und Stabskompanie Panzerbrigade 2,
- Instandsetzungskompanie 20,
- Nachschubkompanie 20,
- Panzerjägerkompanie 20,
- Panzerpionierkompanie 20,
- gemischtes Panzerbataillon 21,
- Panzergrenadierbrigade 22,
- Panzerbataillone 23 und 24,
- Panzerartilleriebataillon 25

Was schon lange in Kreisen der Braunschweiger Soldaten gemutmaßt wurde, wird im Mai 1991 mit der Standortentscheidung des damaligen Bundesverteidigungsministers Dr. Gerhard Stoltenberg zur Gewissheit:

### „Die Panzerbrigade 2 wird bis zum 31. März 1993 aufgelöst"

Vorher wird das Panzergrenadierbataillon 22 in eine Geräteeinheit umgewandelt und nach Osterrode verlegt. Die Panzerjägerkompanie 20, die im Jahr 1976 von der Rosalies-Kaserne in die Husaren-Kaserne verlegt hatte, und das Panzerbataillon 24 werden truppendienstlich unter das Kommando der Panzergrenadierbrigade 1 gestellt. In eine nicht aktive Geräteeinheit wird das Panzerbataillon 23 umgegliedert, dessen Großgerät in einem Depot Langzeitgelagert wird und Stamm-Aufwuchsbeziehungen zum Panzerbataillon 24 aufnimmt. Das Panzerbataillon 24 wird schließlich in die Heinrich-der-Löwe-Kaserne verlegt.
Die selbstständigen Brigadeeinheiten Panzerpionierkompanie 20, Nachschubkompanie 20, Instandsetzungskompanie 20 sowie das Panzerartilleriebataillon 25 werden bis zum 31. März 1993 aufgelöst.


*Die Kommandeure der Panzerbrigade 2:*

| | | |
|---|---|---|
| *1956* | *Oberst* | *Hans-Reinhold Kahle (mit der Führung beauftragt),* |
| *1956 – 1957* | *Oberst* | *Christian Schaeder,* |
| *1958 – 1959* | *Brigadegeneral* | *Ulrich De Maiziere,* |
| *1959 – 1960* | *Oberst* | *Rudolf Buhse,* |
| *1961 – 1962* | *Brigadegeneral* | *Oskar Alfred Berger,* |
| *1962 – 1963* | *Brigadegeneral* | *Gerhard Wessel,* |
| *1963 – 1965* | *Brigadegeneral* | *Kurt Kaufmann,* |
| *1965 – 1969* | *Oberst* | *Klaus Grönandt,* |
| *1969 – 1972* | *Brigadegeneral* | *Lothar Domröse,* |
| *1972 – 1974* | *Oberst* | *Christian Schünemann,* |
| *1974 – 1978* | *Brigadegeneral* | *Carlheinrich von Erdmannsdorff,* |
| *1978 – 1979* | *Oberst* | *Carl Helmuth Lichel,* |
| *1979 – 1982* | *Oberst* | *Klaus Goldschmidt,* |
| *1982 – 1985* | *Oberst* | *Ruprecht Haasler,* |
| *1985 – 1991* | *Brigadegeneral* | *Peter Rückbrodt,* |
| *1991 – 1993* | *Oberst* | *Wulf Wedde (mit der Führung beauftragt)* |

# Panzerbrigade 2
# Stab / Stabskompanie

**Aufstellung:**
Der Stab und die Stabskompanie der Panzerbrigade 2 werden am 1. April 1981 in Braunschweig durch Umbenennung der Stabskompanie Panzergrenadierbrigade 2 aufgestellt.

**frühere Benennungen:**

| | |
|---|---|
| 1956 – 1959 | Stab / Stabskompanie Kampfgruppe A 1, |
| 1959 – 1981 | Stab / Stabskompanie Panzergrenadierbrigade 2, |
| 1981 – 1993 | Stab / Stabskompanie Panzerbrigade 2 |

**Standorte:**

| | |
|---|---|
| 1956 – 1959 | Hannover, Scharnhorst-Kaserne, |
| 1959 – 1993 | Braunschweig, Heinrich-der-Löwe-Kaserne |

**Unterstellungen:**

| | |
|---|---|
| 1956 – 1959 | 1. Grenadierdivision, |
| 1959 – 1993 | 1. Panzergrenadierdivision / 1. Panzerdivision |

**Auflösung:**
Die Stabskompanie und der Stab der Panzerbrigade 2 werden zum 31. März 1993 aufgelöst.

# Instandsetzungskompanie 20

**Aufstellung:**
Die Instandsetzungskompanie 20 wird am 1. Oktober 1972 aufgestellt.

**Standort:**

| | |
|---|---|
| 1972 – 1993 | Braunschweig, Husaren-Kaserne |

**Unterstellung:**

| | |
|---|---|
| 1972 – 1993 | Panzergrenadierbrigade 2 / Panzerbrigade 2 |

**Auflösung:**
Die Instandsetzungskompanie 20 wird zum 31. März 1993 aufgelöst.

# Nachschubkompanie 20

**Aufstellung:**
Die Nachschubkompanie 20 wird am 1. Oktober 1972 aufgestellt.

**Standort:**

| | |
|---|---|
| 1972 – 1993 | Braunschweig, Tannenberg-Kaserne |

**Unterstellung:**

| | |
|---|---|
| 1972 – 1993 | Panzergrenadierbrigade 2 / Panzerbrigade 2 |

**Auflösung:**
Die Nachschubkompanie 20 wird zum 31. März 1993 aufgelöst.

# Panzerjägerkompanie 20

**Aufstellung:**
Aus Personalabgaben der Kampftruppenschule Munster und der Ausbildungskompanie 13/1 wird am 1. Oktober 1967 in der Braunschweiger Rosalies-Kaserne die Panzerjägerkompanie 20 aufgestellt.

**Standorte:**
1967 – 1976        Braunschweig, Rosalies-Kaserne,
1976 – 1996        Braunschweig, Husaren-Kaserne

**Unterstellungen:**
1967 – 1992        Panzergrenadierbrigade 2 / Panzerbrigade 2,
1992 – 1996        Panzergrenadierbrigade 1

**Auflösung:**
Die Panzerjägerkompanie 20 wird zum 30. Juni 1996 aufgelöst.

Ein Zug Raketenjagdpanzer der Panzerjägerkompanie 20
(Fotosammlung Uwe Walter / Nachlass S. Walter, Kassel)

# Panzerpionierkompanie 20 

**Aufstellung:**
Die Panzerpionierkompanie 20 wird im März 1959 in Holzminden aus Teilen des Pionierbataillons 7 aufgestellt.

**Standorte:**

| | |
|---|---|
| 1959 | Holzminden, |
| 1959 – 1976 | Braunschweig, Hindenburg-Kaserne, |
| 1976 – 1992 | Braunschweig, Leutnant-Müller-Kaserne |

**Unterstellung:**

| | |
|---|---|
| 1959 – 1992 | Panzergrenadierbrigade / Panzerbrigade 2 |

**Veränderung / Auflösung:**
Die Panzerpionierkompanie 20 wird zunächst zum 30. September 1992 aufgelöst.

1998 wird in Holzminden die nichtaktive Geräteeinheit „Panzerpionierkompanie 20" in Holzminden erneut aufgestellt. Diese Geräteeinheit entwickelt Stamm- und Aufwuchsbeziehungen zur dortigen Panzerpionierkompanie 10.

Die Auflösung der Geräteeinheit erfolgt zum 30. Juni 2002 zusammen mit der Panzerpionierkompanie 10.

Pionierpanzer DACHS, der auch in Panzerpionierkompanie 20 zu finden war
(Fotograf: Uwe Walter)

# Panzerbataillon 21

**Aufstellung:**
Das teilaktive Panzerbataillon 21 wird am 1. April 1981 in Braunschweig aus Personalabgaben der Panzerbataillone 23 und 24 sowie des Panzergrenadierbataillons 23 aufgestellt.
**Standort:**
1981 – 1992        Braunschweig, Heinrich-der-Löwe-Kaserne
**Unterstellung:**
1981 – 1992        Panzerbrigade 2,
**Auflösung:**
Das Panzerbataillon 21 wird zum 30. September 1992 aufgelöst.

# Panzergrenadierbataillon 22

**Aufstellung:**
Das Panzergrenadierbataillon 22 wird am 1. April 1981 durch Umgliederung und Umbenennung des Panzergrenadierbataillons 23 aufgestellt.
Das Panzergrenadierbataillon 23 geht 1959 durch Umbenennung und Umgliederung des Grenadierbataillons 61 hervor, das 1958 in Hannover aufgestellt wurde.
**frühere Benennungen:**
1958 – 1959        Grenadierbataillon 61,
1959 – 1981        Panzergrenadierbataillon 23,
1981 – 1992        Panzergrenadierbataillon 22
**Standorte:**
1958                Hannover,
1958 – 1992        Braunschweig, Heinrich-der-Löwe-Kaserne
**Unterstellung:**
1958 – 1992        Panzergrenadierbrigade 2 / Panzerbrigade 2
**Veränderung / Auflösung:**
Das Panzergrenadierbataillon 22 wird zum 30. September 1992 außer Dienst gestellt und in eine nichtaktive Geräteeinheit umgegliedert.
Ab 1. Oktober 1992 wird diese Geräteeinheit nach Osterrode verlegt, wo sie Stamm- und Aufwuchsbeziehungen zum dortigen Panzergrenadierbataillon 12 aufnimmt.
Die endgültige Auflösung erfolgt zusammen mit dem Stammbataillon Panzergrenadierbataillon 12 zum 31. Dezember 2003.

Schützenpanzer Marder bei einer Vorführung in der Kaserne
(Fotosammlung Uwe Walter / Nachlass S. Walter, Kassel)

# Panzerbataillon 23

**Aufstellung:**
Am 1. April 1976 wird in Braunschweig, Rosalies-Kaserne, zur Erprobung der Heeresstruktur IV aus Personalabgaben des I. Korps das Panzerbataillon 23 aufgestellt.

**Standort:**
1976 – 1992          Braunschweig, Rosalies-Kaserne

**Unterstellung:**
1976 – 1992          Panzerbrigade 2

**Veränderung / Auflösung:**
Das Panzerbataillon 23 gilz zum 31. März 1992 faktisch als aufgelöst und wird in die nichtaktive Geräteeinheit „Panzerbataillon 23 (GE)" umgegliedert, die Stamm- und Aufwuchsbeziehungen zum Panzerbataillon 24 aufnimmt.
Die nichtaktive Geräteeinheit wird zusammen mit dem Panzerbataillon 24 zum Ende des Jahres 2003 aufgelöst.

**Kampfpanzer Leopard 2 an einem Waldrand während einer Übung**
**(Fotosammlung Uwe Walter / Nachlass S. Walter, Kassel)**

# Panzerbataillon 24

**Aufstellung:**
Das Panzerbataillon 24 wird am 1. Juli 1960 in Dedelstorf aus Personalabgaben und Gerät des I. Korps aufgestellt.

**Standorte:**
| | |
|---|---|
| 1960 – 1962 | Dedelstorf, |
| 1962 – 1993 | Braunschweig, Rosalies-Kaserne, |
| 1993 – 2003 | Braunschweig, Heinrich-der-Löwe-Kaserne |

**Unterstellungen:**
| | |
|---|---|
| 1960 – 1992 | Panzergrenadierbrigade 2 / Panzerbrigade 2, |
| 1992 – 2003 | Panzergrenadierbrigade 1 |

**Auflösung:**
Das Panzerbataillon 24 wird zum 31. Dezember 2003 aufgelöst.

<u>Organisationsbefehl Nr 542/2003 (H)</u>

<u>für die</u>

<u>Auflösung</u>

## Panzerbataillon 24

<u>(PzBtl 24)</u>


<u>Bezug:</u>  1) BMVg Fü H I 7 - Az 10-30-20/VS-NfD vom 23.09.2002
       (Einnahme Struktur 'Heer der Zukunft')
    2) HFüKdo G 3 Org/Infra - Az 10-30-25-12 VS-NfD vom 07.09.1999
       (OrgBef Nr 2625/1999 (H))


<u>Anlg.:</u> - 1 -


## A. <u>ZWECK</u>

### Auflösung
### im Rahmen der Einnahme der Struktur Bundeswehr der Zukunft

## B. <u>DURCHFÜHRUNG</u>

1. <u>Durchführung:</u>                          Stab 1.Panzerdivision

2. <u>Wirksamkeitsdatum:</u>                      31.12.2003

3. <u>Abschluß der Organisationsmaßnahme:</u>      31.12.2003

## C. <u>GLIEDERUNG</u>

**Auflösungsbefehl für das Panzerbataillon 24**
**(Sammlung Uwe Walter)**

**Unterwegs auf Braunschweiger Straßen**
**(Fotosammlung Uwe Walter / mit freundlicher Genehmigung Herr Lienstedt)**

# Panzerartilleriebataillon 25

**Aufstellung:**
Durch Umgliederung und Umbenennung des Feldartilleriebataillons 25 wird im Jahre 1966 das Panzerartilleriebataillon 25 aufgestellt.
Das Feldartilleriebataillon 25 ging mit Einnahme der Heeresstruktur II (1959) aus dem I. Bataillon / Feldartillerieregiment 1 hervor.

**frühere Benennungen:**

| | |
|---|---|
| 1956 – 1959 | I. Bataillon / Feldartillerieregiment 1, |
| 1959 – 1966 | Feldartilleriebataillon 25, |
| 1966 – 1992 | Panzerartilleriebataillon 25 |

**Standorte:**

| | |
|---|---|
| 1956 | Glückstadt, |
| 1956 – 1958 | Hamburg-Wandsbek, |
| 1958 – 1992 | Braunschweig, Leutnant-Müller-Kaserne |

**Unterstellungen:**

| | |
|---|---|
| 1956 – 1959 | Feldartillerieregiment 1, |
| 1959 – 1992 | Panzergrenadierbrigade 2 / Panzerbrigade 2 |

**Veränderung / Auflösung:**
Das Panzerartilleriebataillon 25 wird zum 30. September 1992 aufgelöst.
Als nichtaktive Geräteeinheit wird es 1998 in Stadtoldenburg erneut aufgestellt, die Stamm- und Aufwuchsbeziehungen zum dortigen Panzerartilleriebataillon 15 entwickelt.
Mit Auflösung des Panzerartilleriebataillons 15 erfolgt für die Geräteeinheit die Verlegung nach Frankenberg (Sachsen), wo es Stamm- und Aufwuchsbeziehungen zu der Jägerbrigade 37 aufnimmt.
Die endgültige Auflösung erfolgt schließlich zum 30. Juni 2008.

**Verladung der letzten Panzerhaubitzen des Bataillons zum Abtransport in ein Depot**
(Fotosammlung Uwe Walter / Nachlass S. Walter, Kassel)

# Panzerbrigade 3
## „Weser-Leine"

Die Panzerbrigade 3, die mit ihrem Stab und der Stabskompanie in der Nienburger Clausewitz-Kaserne stationiert war, konnte bis zur ihrer Auflösung im Jahre 1993 auf ein über fünfunddreißigjähriges Bestehen zurück blicken.

Sie wurde am 10. Juli 1957 in Nienburg als Kampfgruppe C1 aufgestellt und war der ersten Grenadierdivision in Hannover unterstellt. Am 10. Juli 1957 wurden der Kampfgruppe das Grenadierbataillon 51 sowie das Panzerjägerbataillon 1 unterstellt. Kurz nach seiner Aufstellung wurde das Panzerbataillon 33 ebenfalls der Kampfgruppe C1 unterstellt.

Die Ergebnisse der Lehr- und Versuchsübung im Herbst 1958 hatten auch Folgen für die Kampfgruppe C1, die am 16. März 1959 in Panzerbrigade 3 umbenannt wurde. Die Panzerbrigade 3 wurde der 1. Panzergrenadierdivision in Hannover unterstellt und im selben Monat wurde noch das Versorgungsbataillon 36 in Nienburg aufgestellt. Die Aufstellung der Panzerpionierkompanie 30 folgte kurze Zeit später.

Am 1. April 1959 wurde das Panzerjägerbataillon 1 in Panzerbataillon 34 – später Panzerbataillon 334 – und das Grenadierbataillon 51 in Panzergrenadierbataillon 32 umbenannt. Zudem wurden die Panzeraufklärungskompanie 30 sowie die Flugabwehrbatterie 30 aufgestellt.

Die Panzerbrigade 3 gliederte sich Ende des Jahres 1959 in:

- Stab und Stabskompanie Panzerbrigade 3,
- Flugabwehrbatterie 30,
- Panzeraufklärungskompanie 30, aus dieser wurde später der Brigadespähzug aufgestellt und in die Stabskompanie eingegliedert,
- Panzerjägerkompanie 30,
- Panzerpionierkompanie 30,
- Panzergrenadierbataillon 32,
- Panzerbataillone 33 und 34,
- Panzerartilleriebataillon 35,
- Versorgungsbataillon 36

Die Panzerpionierkompanie 30 verlegt Ende des Jahres 1961 von ihrem Aufstellungsstandort Minden nach Nienburg-Langendamm. Mit Personal und Material ist die komplette Panzerbrigade 3 bei der Flutkatastrophe in Hamburg sowie an der Nordseeküste im Februar 1962 im Katastropheneinsatz.

Zwei Jahre nach ihrer Aufstellung wird die Flugabwehrbatterie 30 zum Ende des Jahres 1963 wieder aufgelöst.

In Luttmersen erfolgt im Jahr 1965 die Aufstellung der ABC-Abwehrkompanie 30 und das Panzerartilleriebataillon 335, das zur 11. Panzergrenadierdivision truppendienstlich gehörte, verlegt von Lingen nach Luttmersen. Zwei Jahre später wird dort auch die Panzerjägerkompanie 30 aufgestellt und verlegt kurze Zeit später nach Celle-Scheuen.

Ende 1967 nahm die Panzerbrigade 3 folgende Gliederung ein:

- Stab und Stabskompanie Panzerbrigade 3 in Nienburg-Langendamm,
- Panzerjägerkompanie 30 in Celle-Scheuen,
- Panzerpionierkompanie 30 in Dedelstorf,
- Panzergrenadierbataillon 32 in Nienburg-Langendamm,
- Panzerbataillon 33 in Luttmersen,
- Panzerbataillon 34 in Celle-Scheuen,
- Panzerartilleriebataillon 35 in Dedelstorf,
- Versorgungsbataillon 36 in Nienburg-Langendamm

Ende der sechziger Jahre erfolgt die Modernisierung des Großgeräts der Brigade und es werden die Panzerbataillone mit dem Kampfpanzer LEOPARD und das Panzergrenadierbataillon mit dem Schützenpanzer MARDER ausgestattet. Diese Fahrzeuge ersetzen den amerikanischen Kampfpanzer M48 und die Schützenpanzer HS-30.

**Leoparden des Panzerbataillons 34**
**(Fotosammlung Uwe Walter / mit freundlicher Genehmigung Bundeswehr, Fotograf unbekannt)**

Am 1. Oktober 1972 werden als neue Brigadeeinheiten die Nachschubkompanie 30 sowie die Instandsetzungskompanie 30 aufgestellt. Sie gehen aus dem Versorgungsbataillon 36 hervor, das zum 30. September aufgelöst wurde.

Als im Sommer 1975 die Lüneburger Heide von einer schlimmen Brandkatastrophe heimgesucht wird, sind die Panzerbrigade 3 und ihre Soldaten erneut im Katastropheneinsatz.

Eine weitere Umgliederung erfährt die Panzerbrigade 3 zum 1. April 1976, als das Panzerbataillon 34 sowie das Panzerartilleriebataillon 35 aus der Brigade ausscheiden und der Panzerbrigade 33 unterstellt werden. Weiterhin wird die ABC-Abwehrkompanie 30 aufgelöst. Die Panzerbrigade 33 gibt wiederum das Panzerbataillon 334 sowie das Panzerartilleriebataillon 335 an die Panzerbrigade 3 ab.

Ende des Jahres 1977 gliederte sich die Panzerbrigade 3 in:

- Stab und Stabskompanie Panzerbrigade 3 in Nienburg-Langendamm,
- Instandsetzungskompanie 30 in Nienburg-Langendamm,
- Nachschubkompanie 30 in Nienburg-Langendamm,
- Panzerjägerkompanie 30 in Celle-Scheuen,
- Panzerpionierkompanie 30 in Dedelstorf,
- Panzergrenadierbataillon 32 in Nienburg-Langendamm,
- Panzerbataillon 33 in Luttmersen,
- Panzerbataillon 334 in Nienburg-Langendamm,
- Panzerartilleriebataillon 335 in Luttmersen

Im Rahmen der Einnahme der Heeresstruktur IV wird die Panzerbrigade 3 weiterhin umgegliedert. So wird ab 1. Januar 1981 die Panzerjägerkompanie 330 in Lingen sowie die Panzerjägerkompanie 330 aus Fürstenau der Panzerbrigade 3 unterstellt. Gleichzeitig erfolgt ein Unterstellungswechsel der Panzerpionierkompanie 30 und der Panzerjägerkompanie 30 unter das Kommando der Panzerbrigade 33.

Am 1. April 1981 wird das teil aktive Panzerbataillon 31 aus Teilen des Panzergrenadierbataillons 32 sowie der Panzerbataillone 33 und 334 aufgestellt. Die Panzerjägerkompanie 330 verlegt von Fürstenau nach Luttmersen und wird in „Panzerjägerkompanie 30" umbenannt.
Die Panzerbataillone 33 und 334 werden ab Mai 1981 auf den Kampfpanzer LEOPARD 2 umgerüstet und der Brigadespähzug wird aus der Stabskompanie herausgelöst und dem Panzeraufklärungsbataillon 1 in Braunschweig direkt unterstellt. Im Einsatz oder zu Übungszwecken wird er der Brigade unterstellt.
Am 1. Oktober 1981 werden das Panzerbataillon 334 in „Panzerbataillon 34", das Panzerartilleriebataillon 335 in „Panzerartilleriebataillon 35" sowie die Panzerpionierkompanie 330 in „Panzerpionierkompanie 30" umbenannt.
Die Panzerpionierkompanie 30 verlegt später von Lingen an der Ems an die Weser nach Nienburg-Langendamm in die Clausewitz-Kaserne.

In der Heeresstruktur IV nahm die Panzerbrigade 3 nachfolgende Gliederung ein:

- Stab und Stabskompanie Panzerbrigade 3 in Nienburg-Langendamm,
- Instandsetzungskompanie 30 in Nienburg-Langendamm,
- Nachschubkompanie 30 in Nienburg-Langendamm,
- Panzerjägerkompanie 30 in Luttmersen,
- Panzerpionierkompanie 30 in Nienburg-Langendamm,
- gemischtes Panzerbataillon 31 in Nienburg-Langendamm,
- Panzergrenadierbataillon 32 in Nienburg-Langendamm,
- Panzerbataillon 33 in Luttmersen,
- Panzerbataillon 34 in Nienburg-Langendamm,
- Panzerartilleriebataillon 35 in Luttmersen

Ende der achtziger Jahre wurde der Panzerbrigade 3 der Beiname „Weser-Leine" verleihen, der zum einen auf den Stationierungsraum (in und um Nienburg) der Panzerbrigade 3 hinweisen  – zum anderen aber auch auf die guten Beziehungen zur Bevölkerung aufmerksam machen sollte, da viele Verbände und Kompanien eine Patenschaft zu den umliegenden Ortschaften übernahmen.

Mit dem Fall der „Berliner Mauer" wurde Deutschland wiedervereint und auch die Bundeswehr war erstmals in ihrer Geschichte von größeren Rationalisierungsmaßnahmen sowie Standortschließungen betroffen, die bis weit in die 2010er-Jahre anhielten.
In der Heeresstruktur V „Kaderung und schneller Aufwuchs" sollte die Nienburger Panzerbrigade 3 „Weser-Leine" eigentlich als nicht aktiver Großverband erhalten bleiben. Folgende Gliederung war für diesen nichtaktiven Großverband vorgesehen:

- Stab/Stabskompanie nicht aktive Panzerbrigade 3 in Nienburg-Langendamm,
- nicht aktives Panzergrenadierbataillon 312 in Dedelstorf,
- nicht aktives Panzergrenadierbataillon 13 in Wesendorf,
- nicht aktives Panzerbataillon 333 in Celle-Scheuen,
- nicht aktives Panzerbataillon 34 in Nienburg-Langendamm,
- nicht aktives Panzerartilleriebataillon 35 in Nienburg-Langendamm,
- nicht aktive Panzerjägerkompanie 30 in Luttmersen,
- nicht aktive Panzerpionierkompanie 30 in Nienburg-Langendamm

Während sich die Panzerbrigade 3 bereits in den Umgliederungen zur Einnahme der neuen Heeresstruktur befand, kam aus dem Bundesverteidigungsministerium in Bonn im Rahmen von weiterer Struktur- und Rationalisierungsmaßnahmen der Bundeswehr in Folge der Nachsteuerung der Heeresstruktur V der Befehl zur Auflösung der Panzerbrigade 3.

Die Panzerbrigade 3 „Weser-Leine" wurde zum 31. Dezember 1993 endgültig aufgelöst.

*Die Kommandeure der Panzerbrigade 3:*

| | | |
|---|---|---|
| 07/1957 – 11/1959 | Oberst | Paul Scheerle, |
| 11/1959 – 09/1962 | Oberst | Ernst Philipp, |
| 10/1962 – 09/1964 | Oberst | Karl-Reinhard von Schultzendorff, |
| 10/1964 – 03/1964 | Brigadegeneral | Joachim von Hopffgarten, |
| 04/1967 – 09/1968 | Brigadegeneral | Jürg von Kalckreuth, |
| 10/1968 – 03/1972 | Oberst | Kurt Heiligenstadt, |
| 04/1972 – 12/1972 | Oberst | Helmut Fischer, |
| 01/1973 – 03/1973 | Oberst | Erwin Hentschel (mit der Führung beauftragt), |
| 04/1973 – 03/1980 | Brigadegeneral | Klaus Nennecke, |
| 04/1980 – 03/1983 | Oberst | Adalbert von der Recke, |
| 04/1983 – 09/1987 | Brigadegeneral | Anton Steer, |
| 10/1987 – 09/1990 | Oberst | Wilfried-Otto Scheffler, |
| 10/1990 – 12/1992 | Oberst | Hans Hübner, |
| 01/1993 – 12/1993 | Oberst | Friedrich-Johann von Krusenstiern (m. d. F. b.) |

# Panzerbrigade 3
# Stab / Stabskompanie

**Aufstellung:**
In Nienburg (Weser), Clausewitz-Kaserne, wird am 1. Juli 1958 der Stab und die Stabskompanie der Kampfgruppe C 1 aufgestellt, die am 16. März 1959 in den Stab sowie die Stabskompanie Panzerbrigade 3 umbenannt wird.

**Standort:**
1958 – 1993    Nienburg (Weser), Clausewitz-Kaserne

**Unterstellungen:**
1958 – 1959    1. Grenadierdivision,
1959 – 1993    1. Panzergrenadierdivision / 1. Panzerdivision

**Auflösung:**
Zum 31. Dezember 1993 werden der Stab und die Stabskompanie der Panzerbrigade 3 aufgelöst.

# Instandsetzungskompanie 30

**Aufstellung:**
Die Instandsetzungskompanie 30 wird am 1. Oktober 1972 aus Teilen sowie Personalabgaben des aufgelösten Versorgungsbataillons 36 in Nienburg aufgestellt.

**Standort:**
1972 – 1993    Nienburg-Langendamm, Clausewitz-Kaserne,

**Unterstellung:**
1972 – 1993    Panzerbrigade 3

**Auflösung:**
Die Instandsetzungskompanie 30 wird zum 31. März 1993 aufgelöst.

**Instandsetzungsarbeiten, Triebwerkwechsel vermutlich bei einem MTW M-113**
(Fotosammlung Uwe Walter / Nachlass S. Walter, Kassel)

# Nachschubkompanie 30

**Aufstellung:**
Die Nachschubkompanie 30 geht am 1. Oktober 1972 aus Teilen sowie Personalabgaben des aufgelösten Versorgungsbataillons 36 in Nienburg hervor.
**Standort:**
1972 – 1993        Nienburg-Langendamm, Clausewitz-Kaserne,
**Unterstellung:**
1972 – 1993        Panzerbrigade 3
**Auflösung:**
Die Nachschubkompanie 30 wird zum 31. März 1993 aufgelöst.

Bahnverladung von Fahrzeugen der Nachschubkompanie 30
(Fotosammlung Uwe Walter / Nachlass S. Walter, Kassel)

# Panzerjägerkompanie 30

**Aufstellung:**
Am 1. April 1981 wird durch Umbenennung der Panzerjägerkompanie 330 die Panzerjägerkompanie 30 aufgestellt.
Die Panzerjägerkompanie 330 wurde in Fürstenau im Jahr 1967 aufgestellt und verlegte im März 1981 nach Luttmersen.

**frühere Benennungen:**
1967 – 1981        Panzerjägerkompanie 330,
1981 – 1992        Panzerjägerkompanie 30

**Standorte:**
1967 – 1981        Fürstenau,
1981 – 1992        Luttmersen, Wilhelmstein-Kaserne

**Unterstellungen:**
1967 – 1981        Panzerbrigade 33,
1981 – 1992        Panzerbrigade 3

**Auflösung:**
Zum 31. Dezember 1992 wird die Panzerjägerkompanie 30 im Rahmen der Einnahme der Heeresstruktur V „Kaderung und schneller Aufwuchs" aufgelöst.

**Raketenjagdpanzer „Jaguar 1" mit Waffensystem HOT**
(Fotosammlung Uwe Walter / mit freundlicher Genehmigung Bundeswehr, Fotograf nicht bekannt)

# Panzerpionierkompanie 30

**Aufstellung:**
In Lingen wird am 1. September 1959 die Panzerpionierkompanie 330 aufgestellt, aus der am 1. April 1981 durch Umbenennung und Umgliederung in Nienburg die Panzerpionierkompanie 30 wird.

**frühere Benennungen:**
1959 – 1981        Panzerpionierkompanie 330,
1981 – 1992        Panzerpionierkompanie 30

**Standorte:**
1959 – 1981        Lingen,
1981 – 1992        Nienburg-Langendamm, Clausewitz-Kaserne

**Unterstellungen:**
1959 – 1981        Panzerbrigade 33,
1981 – 1992        Panzerbrigade 3

**Auflösung:**
Zum 31. Dezember 1992 erfolgt die Auflösung der Panzerpionierkompanie 30 im Rahmen der Einnahme der Heeresstruktur V „Kaderung und schneller Aufwuchs".

# Panzerbataillon 31

**Aufstellung:**
Im Rahmen der Einnahme der Heeresstruktur IV wird am 1. April 1981 aus Teilen des Panzergrenadierbataillons 32 sowie der Panzerbataillone 33 und 34 das gemischte Panzerbataillon 31 in Nienburg aufgestellt.

**Standort:**
1981 – 1992      Nienburg-Langendamm, Clausewitz-Kaserne

**Unterstellung:**
1981 – 1992      Panzerbrigade 3

**Auflösung:**
Das Panzerbataillon 31 wird zum 30. September 1992 aufgelöst.

**Teile des Panzerbataillons 31, hier die 3./31 sind marschbereit**
*(Fotosammlung Uwe Walter / mit freundlicher Genehmigung Herr Kopp)*

**Kampfpanzer Leopard 2 A4, der auch in dem**
**Panzerbataillon 31 gewesen ist**
*(Fotosammlung Uwe Walter / mit freundlicher Genehmigung Bundeswehr)*

**Panzergrenadiere „Nienburger Grenadiere" auf dem Marsch**
(Fotosammlung Uwe Walter / mit freundlicher Genehmigung Bundeswehr, Fotograf unbekannt)

# Panzergrenadierbataillon 32

**Aufstellung:**
In Nienburg-Langendamm wird am 16. März 1959 durch Umgliederung und Umbenennung des 1957 aufgestellten Grenadierbataillons 51 das Panzergrenadierbataillon 32 aufgestellt.

**frühere Benennungen:**
1957 – 1959  Grenadierbataillon 51,
1959 – 1997  Panzergrenadierbataillon 32

**Standort:**
1957 – 1997  Nienburg-Langendamm, Clausewitz-Kaserne

**Unterstellungen:**
1957 – 1959  1. Grenadierdivision,
1959 – 1992  Panzerbrigade 3,
1992 – 1997  Panzerbrigade 21

**Veränderung / Auflösung:**
Das Panzergrenadierbataillon 32 wird zum 31. März 1997 außer Dienst gestellt.
In Wesendorf wird es als nicht aktive Geräteeinheit stationiert und entwickelt Stamm- und Aufwuchsbeziehungen zum dortigen Panzergrenadierbataillon 332.
Die endgültige Auflösung erfolgt zum 31. Dezember 2003.

# Panzerbataillon 33

**Aufstellung:**
Das Panzerbataillon 33 wird am 1. Dezember 1958 in Munster aufgestellt.

**Standorte:**

| | |
|---|---|
| 1958 – 1959 | Munster, |
| 1959 – 1965 | Dörverden-Barme, |
| seit 1965 | Luttmersen, Wilhelmstein-Kaserne |

**Unterstellungen:**

| | |
|---|---|
| 1958 – 1992 | Kampfgruppe C1 / Panzerbrigade 3, |
| 1992 – 2001 | Panzerbrigade 21, |
| 2001 – 2006 | Panzergrenadierbrigade 1, |
| seit 2006 | Panzerlehrbrigade 9 |

**Veränderung:**
Ab dem 1. Oktober 2015 wird das Panzerbataillon 33 zu einem Panzergrenadierbataillon umgegliedert und behält die Nummer 33.

Letzter Marsch des Bataillons mit Kampfpanzern Leopard 2 A6 vor der Umgliederung zu einem Panzergrenadierbataillon im Mai 2013. Aufgenommen wurde das Foto auf einer Autobahnbrücke der A7 zwischen den Anschlussstellen Schwarmstedt und Westenholz
(Fotograf: Uwe Walter)

Leopard 2 A4 im Panzerangriff auf dem Truppenübungsplatz Bergen-Hohne
(Fotosammlung Uwe Walter / Nachlass S. Walter, Kassel)

# Panzerbataillon 34

**Aufstellung:**
Der Vorläufer des Panzerbataillons 34 ist das Panzerbataillon 334, das in Nienburg am 1. Oktober 1972 aufgestellt wurde. Es ist zunächst der Panzerbrigade 33 und somit der 11. Panzergrenadierdivision unterstellt.

Das Panzerbataillon 334 wird im Januar 1976 der Panzerbrigade 3 als Bataillon unterstellt. Die Panzerbrigade 3 ist eine der vier Modellbrigaden, die an der Erprobung der Heeresstruktur IV teilnehmen.

Zum 1. Oktober 1981 wird das Panzerbataillon 334 in Panzerbataillon 34 umbenannt.

**frühere Benennungen:**
1972 – 1981       Panzerbataillon 334,
1981 – 1992       Panzerbataillon 34

**Standort:**
1972 – 1992       Nienburg-Langendamm, Clausewitz-Kaserne

**Unterstellungen:**
1972 – 1976       Panzerbrigade 33,
1976 – 1992       Panzerbrigade 3

**Auflösung:**
Zum 30. September 1992 wird das Panzerbataillon 34 aufgelöst.

# Panzerartilleriebataillon 35

**Aufstellung:**
Das Panzerartilleriebataillon 35 geht mit Erprobung der Heeresstruktur IV 1976 durch Umbenennung des Panzerartilleriebataillons 335 hervor. 1958 wurde in Lingen das Panzerartilleriebataillon 335 aufgestellt.

**frühere Benennungen:**
1958 – 1975        Panzerartilleriebataillon 335,
1976 – 1993        Panzerartilleriebataillon 35

**Standorte:**
1958 – 1965        Lingen,
1965 – 1993        Luttmersen, Wilhelmstein-Kaserne

**Unterstellungen:**
1958 – 1975        Panzerbrigade 33,
1976 – 1993        Panzerbrigade 3

**Auflösung:**
Das Panzerartilleriebataillon 35 wird zum 30. September 1993 aufgelöst.

**Panzerhaubitze M-109 G 155mm auf einem Truppenübungsplatz**
(Fotosammlung Uwe Walter / mit freundlicher Genehmigung Bundeswehr, Fotograf nicht bekannt)

## Quellennachweise für Fotos / Bilder:

Die hier gezeigte Fotos / Bilder sind größtenteils aus meinem recht großen Fotoarchiv, das sich in den letzten 25 - 30 Jahren angesammelt hat. Sollten mir von anderen Fotografen oder Institutionen Fotos zur Verfügung gestellt worden sein, so sind diese unter dem entsprechenden Foto / Bild aufgeführt. Da es sich bei dem hier vorliegenden Werk um eine historische, dokumentarische Publikation handelt und die Fotos teilweise sehr alt – für deren teilweiser schlechten Qualität ich mich entschuldige – sind, kann teilweise auch die Herkunft nicht mehr eindeutig / vollständig nachvollzogen werden und es ist keine absichtliche Urheberverletzung vorgenommen worden.

## Danksagung:

Es gebührt allen Unterstützern sowie öffentliche Institutionen, wie Stadtverwaltungen und verschiedenen Archiven, die mich mehr als über 25 Jahren bei der Verwirklichung dieser Werke über die deutsche Militärgeschichte unterstützt haben / unterstützen mein herzlicher Dank. Sei es bei Recherchearbeiten Vorort, in der mir die Möglichkeit gegeben wurde diverse Traditionsräume anzusehen oder in persönlichen Gesprächen mit ehemaligen Angehörigen von aufgelösten Truppenteilen, um die Verbandsgeschichte nach Möglichkeit genau zu recherchieren.

Dank gilt auch den zuständigen Mitarbeitern der entsprechenden Presseoffizieren in Berlin, und Oldenburg sowie den entsprechenden Vorsitzenden der Traditionsverbände, die sich wie immer die Zeit genommen haben, das vorliegenden Werk zu prüfen,  mir mit wertvollen Ratschlägen „zur Seite" gestanden haben und die immer ein „offenes Ohr" bei meinen Fragen hatten.

**Im BOD-Buchshop sind weitere Bücher von mir bereits veröffentlicht worden und sind dort auch weiterhin erhältlich. Die Internetadresse lautet:**

## https://buchshop.bod.de/Uwe Walter